História e Narração
em Walter Benjamin

Coleção Estudos
Dirigida por J. Guinsburg

Equipe de realização – Revisão: Priscila Ursula dos Santos; Sobrecapa: Adriana Garcia; Produção: Ricardo W. Neves, Sergio Kon e Luiz Henrique Soares.

Jeanne Marie Gagnebin

**HISTÓRIA E NARRAÇÃO
EM WALTER BENJAMIN**

 PERSPECTIVA

Coleção Estudos
Dirigida por J. Guinsburg

Dados Internacionais de Catalogação na Publicação (CIP)
(Câmara Brasileira do Livro, SP, Brasil)

Gagnebin, Jeanne Marie;
História e narração em Walter Benjamin / Jeanne Marie Gagnebin. – São Paulo : Perspectiva, 2013. – (Estudos ; 142 / dirigida por J. Guinsburg)

5ª reimpr. da 2. ed. de 1999
Bibliografia
ISBN 978-85-273-0159-6

1. Benjamin, Walter, 1892-1940 – Crítica e interpretação I. Guinsburg, J. II. Título III. Série.

07-6407 CDD-193

Índices para catálogo sistemático:
1. Benjamin : Filosofia alemã   193

2ª edição – 5ª reimpressão
[PPD]

Direitos reservados em língua portuguesa à
EDITORA PERSPECTIVA LTDA.
Av. Brigadeiro Luís Antônio, 3025
01401-000 São Paulo SP Brasil
Telefax: (011) 3885-8388
www.editoraperspectiva.com.br

2020

Agradecimentos

Este livro é a versão em língua portuguesa do texto publicado pela Editora Harmattan, Paris, em março de 1994 (*Histoire et Narration chez Walter Benjamin*). Agradeço a Jacó Guinsburg pela leitura atenta e pelas correções da versão em português.

Este livro não poderia ter sido escrito sem deslocamentos constantes entre diversos países, entre diversas línguas. Meus agradecimentos vão aqui a todas e a todos cuja amizade, cujo humor e cujas críticas me ajudaram a entender o quanto pode ser fértil estar fora do seu país.

Gostaria também de agradecer o apoio das seguintes instituições: DAAD (Deutscher Akademischer Austauschdienst), FAPESP (Fundação de Amparo à Pesquisa do Estado de São Paulo), Collège International de Philosophie (Paris), PUC/SP (Pontifícia Universidade Católica de São Paulo), Unicamp (Universidade Estadual de Campinas).

Sumário

INTRODUÇÃO 1
1. Origem, Original, Tradução 7
2. Alegoria, Morte, Modernidade 31
3. Não Contar Mais? 55
4. A Criança no Limiar do Labirinto 73
5. História e Cesura 93

*Em memória de Marie-Christine Gagnebin de Bons.
E para Claire-Marie.*

Introdução

Mais um livro sobre Walter Benjamin! Sim, mais um. Depois de uma longa convivência com a obra deste autor, propomo-nos uma retomada de seu pensamento no duplo sentido de um esforço de explicitação e, nesta base, de uma tentativa de pensar, graças a ela e através dela, como além dela. Com efeito, retomar este pensamento nos parece significar mais que parafraseá-lo com entusiasmo ou seguir uma moda ditirâmbica; entusiasmos e ditirambos dos quais os países de línguas latinas foram prodígios quando descobriram, um pouco tardiamente, esse autor alemão, judeu, teólogo e marxista aureolado pelo seu trágico e exemplar suicídio. Quis, aqui, visar alguma outra coisa diferente: tentar ouvir as questões e as exigências que essa obra formula, ou seja, reconhecer quais são suas interrogações deixadas em suspenso, tentar compreender esta suspensão, ousar aprofundar-me nesta irresolução. Ora, um dos grandes buracos negros do pensamento de Benjamin é certamente, e apesar de várias interpretações simpáticas, mas redutoras, sua teoria da história, mais especificamente da escritura da história e de sua ligação com uma prática transformadora, ao mesmo tempo redentora e revolucionária. O que é, então, esta narrativa salvadora que evocam as famosas teses "Sobre o Conceito de História" e quem é este "historiador materialista" que saberia dizê-lo, enraizado na experiência coletiva (*Erfahrung*) dos vencidos?[1] E isso principalmente quando lembramos que

---

1. "Über den Begriff der Geschichte", em Walter Benjamin, *Gesammelte Schiften*, 1-2, pp. 691 e ss., Frankfurt am Main, Suhrkamp, 1974. Citado geralmente como "Te-

Benjamin mostrou com acuidade a impossibilidade de toda experiência coletiva na nossa modernidade, portanto de toda tradição e de toda palavra comuns. Provocativamente, poderíamos nos perguntar se a teoria da literatura, em Benjamin, cujo centro é *a perda* da tradição, *a perda* da narração clássica, *a perda* da aura etc., não invalida sua teoria da historiografia revolucionária, definida como retomada e rememoração salvadoras de um passado esquecido, perdido, sim recalcado ou negado. Ou, para dizê-lo de maneira mais provocativa ainda, se o modernismo/o pós-modernismo estético de Benjamin não contradiria uma concepção até certo ponto tradicional do político?

Parece-me que o debate não está concluído nem por Benjamin nem, aliás, por quem quer que seja na nossa atualidade filosófica e/ou militante. Gostaria de abordá-lo pelo viés de uma questão que preocupou intensamente Benjamin e que continua a preocupar a literatura e a história contemporâneas, sem falar na filosofia: o que é contar uma história? O que é contar a história? (O que isso significa? Serve isso para alguma coisa e, se for o caso, para quê? Por que essa necessidade, mas também, tantas vezes, essa incapacidade de contar? E qual é esse prazer, que Platão denunciava como perigo, de escutar histórias, uma história, a história?)

Velha questão dos poderes da palavra que a filosofia clássica se esforçou em dividir em maléficos e em benéficos e da qual queria me aproximar, seguindo nisso os três volumes de *Temps et Récit* de Paul Ricoeur[2], como da questão da importância da narração para a constituição do sujeito. Se não determino aqui de que gênero de narração nem de que gênero de sujeito se trata, quer seja, por exemplo, a longa narrativa das *historiai* de Heródoto lidas ao povo ateniense reunido, ou, então, o relato solitário e balbuciante da psicanálise, do qual não se sabe sempre nem quem o enuncia nem a quem se dirige, é porque quero pensar este núcleo narrativo comum à história como processo real (como *Geschichte*), à história como disciplina (como *Historie*), à história como narração (como *Erzählung*). Há, portanto, de início a convicção de que esta homonímia, à qual estamos acostumados, nos indica uma comunidade de significação mais forte que a oposição habitual entre "histórias" (plural) que seriam contadas para desviar dos fatos e a "história" (singular) que deveria nos restituir a verdade do passado. Convicção também que literatura e história (*Historie*) andam juntas sem que isso signifique, necessariamente, um relativismo resig-

---

ses" do primeiro título sob o qual Adorno publicou este texto póstumo (*Geschichstsphilosophische Thesen*). Existem duas traduções brasileiras: a de Flávio René Kothe (*W. Benjamin*, Coleção Grandes Cientistas Sociais, n. 50, Atica, 1985, organização de textos e tradução de F. R. Kothe), "Teses sobre Filosofia da História", pp. 153-164; e a de Sergio Paulo Rouanet (W. Benjamin, *Obras Escolhidas*, vol. I, São Paulo, Brasiliense, 1985), "Sobre o Conceito da História", pp. 221-232. Citaremos ambas, tomando a liberdade de melhorá-las, quando for necessário.

2. Paul Ricoeur, *Temps et Récit*, Paris, Seuil, 1983, 84 e 85, 3 vols.

nado da "ciência histórica" ou um realismo militante da literatura. Convicção, enfim, que me parece partilhada por Benjamin e me permite estabelecer uma ligação entre sua filosofia da história e sua teoria da literatura[3].

Defini a questão que nos ocupa como a da importância da narração para a constituição do sujeito. Essa importância sempre foi reconhecida como a da rememoração, da retomada salvadora pela palavra de um passado que, sem isso, desapareceria no silêncio e no esquecimento. Essa empresa de rememoração já determina, na aurora do pensamento grego, a tarefa do poeta e, mais tarde, a do historiador. Aquiles prefere a morte gloriosa – isto é, aquela que as gerações futuras recordarão – à vida sem brilho, sinônimo de morte pois ninguém lembrar-se-á dela. As Musas, que inspiram Hesíodo, reconhecem em Mnemosyne sua mãe que Zeus, aliás, não escolheu por acaso como sua quinta esposa: o rei dos deuses só pode verdadeiramente assentar seu poder ao assegurar-se de uma palavra que rememora sua dominação. O primeiro "historiador", Heródoto, também define sua tarefa como uma luta contra o esquecimento "para que o tempo não venha abolir os trabalhos dos homens e que as grandes façanhas realizadas, seja pelos Gregos seja pelos Bárbaros, não caiam no esquecimento"[4]. Mesmo Tucídides, crítico de Heródoto e do memorável, quer salvar o relato da Guerra do Peloponeso para constituir uma "aquisição para sempre" (*ktêma eis aei*)[5], tesouro de ensinamentos que devem ser consignados para a memória futura da humanidade. Sem falar em Platão, para quem todo processo de formação do sujeito que conhece remete à atividade da reminiscência. Hoje ainda, literatura e história enraízam-se no cuidado com o lembrar, seja para tentar reconstruir um passado que nos escapa, seja para "resguardar alguma coisa da morte" (Gide) dentro da nossa frágil existência humana. Se podemos assim ler as histórias que a humanidade se conta a si mesma como o fluxo constitutivo da memória e, portanto, de sua identidade, nem por isso o próprio movimento da narração deixa de ser atravessado, de maneira geralmente mais subterrânea, pelo refluxo do esquecimento; esquecimento que seria não só uma falha, um "branco" de memória, mas também uma atividade que apaga, renuncia, recorta, opõe ao infinito da memória a finitude necessária da morte e a inscreve no âmago da narração.

Tomemos, por exemplo, a *Odisseia*, narração primeira e modelo fundador da busca da identidade que ilustra o tema da volta ao país

---

3. Cf. as observações finais de Ricoeur no 3º vol. de *Temps et Récit*, pp. 352 e ss. Cf. também as pesquisas de Reinhardt Kosselleck, em particular *Vergangene Zukunft. Zur Semantik geschichtlicher Zeiten*, Frankfurt am Main, Suhrkamp, 1979.
4. Heródoto, *Livro I*, Prefácio § 1 (cito seg. a tradução feita por A. Barguet, na Pleiade, *L'Enquête*, Paris, 1964, pp. 51-52).
5. Tucídides, *Guerra do Peloponeso*, *Livro I*, cap. 22 (cito seg. a mesma edição da Pleiade, trad. D. Roussel, p. 706).

natal. Na sua notável interpretação[6], Horkheimer e Adorno transformam as etapas dessa viagem em tantas etapas da constituição do sujeito racional, em luta contra as forças do mito que representam, de maneira privilegiada, as forças dissolutoras do esquecimento. A razão ocidental constituir-se-ia assim no mesmo gesto de retomada pela memória e pela narração contra as tentações regressivas às quais sucumbem os companheiros de Ulissses, em particular aqueles que "comeram o lótus mais doce que mel" (e) "não pensaram mais nem em no-lo narrar nem em retornar"[7]. Devemos, porém, afirmar, seguindo Todorov[8], que a viagem de Ulisses, se é, explicitamente, uma viagem de retorno, só se torna uma "odisseia" graças aos obstáculos que impedem este retorno. Ora, esses obstáculos não são, simplesmente, os signos do ódio divino, mas também provêm da negligência e do esquecimento ativos de Ulisses: enquanto Ítaca já está à vista, Ulisses adormece e deixa seus companheiros abrirem a bolsa de Éolo, desencadeando assim os ventos da não-volta; o mesmo "suave sono" na Ilha do Sol que possibilita assim à tripulação desobediente matar as vacas sagradas e provocar uma outra tempestade que desviará Ulisses de Ítaca e o conduzirá até Calipso. Observemos, aliás, que se Ulisses, na morada de Calipso, pensa em Ítaca e em Penélope, ele parece ter-se esquecido bem delas no palácio de Circe, pois são seus companheiros que o avisam da necessidade de retornar após... um ano de delícias! Desse modo poderíamos dizer que se Ulisses quer, certamente, retornar à sua casa, ele também sabe, e muito profundamente, da necessidade de *diferir* seu retorno para poder viver a *Odisseia* e dela fazer o relato.

Este desvio pelas ilhas de uma narração originária, paradigmática de toda nossa tradição narrativa, deveria nos indicar que, em redor do continente da memória, as ilhas e as penínsulas do esquecimento sempre existiram, talvez até mesmo essa terra tão firme do rememorado pudesse ser só uma terra insular de amplas dimensões.

Tudo acontece na *Odisseia* como se houvesse, implicitamente, uma força da narração que faz esquecer e, explicitamente, uma força rememoradora, as quais se conjugam para constituir a narração. Movimento de vaivém que a astúcia de Penélope configura, fazer diurno e desfazer noturno da tecelagem, dupla trama da palavra rememoradora e esquecidiça que constitui o sujeito. Note-se ainda que, quando Penélope, malgrado ela, acaba seu véu/texto, Ulisses também acaba sua viagem e o relato de suas aventuras. Movimento de recolhimento *e* de dispersão que funda a atividade narradora, tantas vezes percebida como sendo exclusivamente de reunião e de restauração. Movimento mesmo da linguagem onde as "coisas" só estão presentes porque não estão aí enquanto tais, mas ditas em sua ausência.

6. *Dialética do Esclarecimento*, trad. Guido de Almeida, Rio de Janeiro, Zahar, 1985.
7. Homero, *Odisseia*, Canto IX, versos 94 e ss. Adorno e Horkheimer (*op. cit.*) citam várias vezes esse episódio.
8. Tzvetan Todorov, *Poétique de la Prose*, Paris, Seuil, 1975, p. 75.

Num dos seus mais belos ensaios, naquele que consagra a Marcel Proust[9], Benjamin cita o véu tecido por Penélope – que é, não podemos nos esquecer disso, uma mortalha destinada a envolver um futuro morto, Laertes – como a imagem paradigmática deste outro véu/mortalha que constitui o texto proustiano. Essa metáfora bem conhecida se desdobra numa série de questões tanto mais insidiosas quanto a obra de Proust é, geralmente, tida como um monumento à e da memória, involuntária certamente, como também o véu de Penélope seria o emblema do lembrar do esposo ausente, portanto da fidelidade conjugal. Ora, Benjamin se pergunta se não seria melhor falar, a propósito de Proust, de uma "obra de esquecimento de Penélope", e se a memória involuntária não seria muito mais próxima do esquecimento do que daquilo que, de costume, se chama o lembrar. Essas questões desembocam numa nova metáfora: como a tecedura, para produzir um véu, se compõe dos movimentos ao mesmo tempo complementares e opostos dos fios da trama e da urdidura, assim também se mesclam e se cruzam, na produção do texto, a atividade do lembrar e a atividade do esquecer[10]. Essa descrição do esquecer como princípio produtivo – Benjamin fala das "franjas" tecidas pelo esquecimento e de seus "ornamentos" – surpreende num autor mais conhecido por ter lamentado o fim da narração tradicional, ancorada na memória coletiva, ou por ter defendido a necessidade de uma rememoração universal, orientada pela preocupação em não esquecer os excluídos da história.

Deixando de lado esta primeira leitura, um pouco plena demais de bons sentimentos, que transforma a obra benjaminiana num misto de melancolia e de utopia, tratarei de ressaltar a radicalidade, muitas vezes devastadora, deste pensamento. Analisarei, então, nos dois primeiros capítulos, o quanto os conceitos essenciais, ligados à elaboração do livro sobre o drama barroco, de origem (*Ursprung*), de tradução (*Übersetzung*), de alegoria (*Allegorie*) e de crítica (*Kritik*), gravitam em torno de um núcleo central que poderia ser definido como a produtividade da perda e da morte, seja na história ou na linguagem. Somente o esclarecimento deste núcleo permite entender a acuidade das análises benjaminianas da modernidade, em particular da literatura moderna a partir de Baudelaire.

Nos dois capítulos seguintes, tentarei descrever o paradoxo, ao mesmo tempo filosófico e narratológico, que sustenta a reflexão posterior de Benjamin e que poderia ser determinado, numa primeira aproximação, como a tensão paradoxal entre o reconhecimento lúcido do fim das formas seculares de transmissão e de comunicação, do fim da narração em particular, e a afirmação enfática da necessidade política e ética da rememoração (do *Eingedenken*, um conceito que deveremos

---

9. "Zum Bilde Prousls", em Ges. *Sclir.* II-l, Frankfurt am Main, Suhrkamp, 1977, p. 31t. Trad. S. P. Rouanet em W. Benjamin, *Obras Escolhidas*, vol. I, *op. cit.*, pp. 36-49, "A Imagem de Proust".
10. "A Imagem de Proust", p. 37.

analisar de perto), portanto da necessidade de uma outra escritura da história. Esse paradoxo deverá ser explicitado como característico de nossa modernidade; ele me parece, contudo, descrever mais que uma configuração histórica bem-determinada, mesmo se sua virulência estiver ligada indissociavelmente, segundo Benjamin, às contradições do capitalismo avançado. Esse paradoxo também nasce de uma exigência contraditória de memória, de reunião, de recolhimento, de salvação e, inversamente, de esquecimento, de dispersão, de despedaçamento, de destruição alegre. Paradoxo que está no coração de nossa linguagem, na sua dinâmica de retomada e de apagamento do real; paradoxo que orienta, igualmente, o que Benjamin sempre tentou pensar, sem dúvida de maneira muito discreta: a felicidade, este instante privilegiado no qual a vida e a morte podem se encontrar sem ódio, até sem angústia, no qual as palavras da história, bruscamente, se detêm, com o risco de soçobrar, com o risco de renascer. Assim, nosso último capítulo será consagrado às numerosas figuras de pensamento em Benjamin que dizem essa suspensão do tempo e da linguagem, suspensão que também é sua fonte indomável e secreta: o "sem-expressão", a interrupção, a dialética em suspenso, enfim, na esteira de Hölderlin, a *cesura*.

Por certo, não teremos, então, resolvido a questão inicial. Não conseguiremos definir com uma completa exatidão qual seria esta narração salvadora e transformadora que deveria ser o paradigma de uma nova historiografia e a que Benjamin faz apelo nas "Teses". Pelo menos, e isso talvez importe mais, não teremos atenuado a radicalidade desta questão, nem sufocado a esperança e a exigência que ela implica.

1. Origem, Original, Tradução

O objeto deste primeiro capítulo pode parecer paradoxal. Proponho-me, com efeito, analisar as ligações que unem o conceito de origem (*Ursprung*) em Walter Benjamin à sua reflexão sobre a modernidade, tal como é desenvolvida, principalmente nos seus ensaios estéticos. Ora, para a maioria dos intérpretes, o conceito de origem designaria, no pensamento benjaminiano, o lugar privilegiado de uma *recusa* da modernidade, porque nele convergem os impulsos restaurativo e utópico de sua filosofia da história. Seguindo Scholem[1], leitores tão diferentes quanto Stéphane Moses[2] ou Michael Löwy[3] puderam mostrar que a origem benjaminiana formula a exigência de um retorno a uma harmonia anterior ou, pelo menos, de uma retomada projetiva deste estado perdido, quer seja ele o Paraíso ou o comunismo primitivo. A abertura de Benjamin em direção à modernidade, que manifestam suas análises demasiadamente otimistas da técnica cinematográfica, mas também suas leituras fundadoras de Proust ou de Kafka, só pode ser, pois, interpretada como a tentativa mais ou menos bem-sucedida de um homem de esquerda para compreender a conjuntura contemporâ-

---

1. Gershom Scholem, "Walter Benjamin und sein Engel", em *Zur Aktualität Waller Benjamins*, vários autores, Frankfurt am Main, Suhrkamp, 1972, pp. 87 e ss.
2. Stéphane Moses, "L'idée d'origine chez Walter Benjamin", em *Walter Benjamin et Paris*, Paris, Cerf, 1986, pp. 809 e ss., vários autores, textos reunidos e apresentados por Heinz Wisman.
3. Michael Löwy, *Rédemption et Utopie. Le judaïsme libertaire en Europe Centrale*, Paris, PUF, 1988 (trad. bras., *Redenção e Utopia*, São Paulo, Companhia das Letras, 1989).

nea. O lado nostálgico do pensamento de Benjamin, lado certamente presente ao longo de toda sua obra, ganha um peso desmesurado em detrimento de sua dimensão exotérica, vanguardista e "materialista", dimensão igualmente essencial que não pode ser reduzida ao jogo de diversas influências, entre as quais a de Brecht seria a mais marcante –quer ela seja julgada benéfica ou perniciosa! Se todos os comentadores concordam em reconhecer no pensamento benjaminiano uma oposição, até mesmo uma contradição insuperável entre estes aspectos nostálgico e vanguardista, ou ainda teológico e materialista, ou então conservador e revolucionário, estas tensões são frequentemente descritas e explicadas como o fruto de contradições pessoais (Benjamin não teria sabido nem podido se decidir por um dos membros da alternativa); às vezes, também, elas são reduzidas à aparência superficial de que Benjamin tivesse sempre permanecido um pensador religioso ou, ao contrário, de que tivesse abandonado a teologia por um marxismo militante.

Numa de suas últimas obras, Michael Löwy tenta escapar a essas interpretações redutoras do pensamento benjaminiano e afirma que ele traduz, de maneira privilegiada, uma convergência de correntes de pensamento separadas na origem, até mesmo opostas, como o messianismo judaico e o socialismo libertário: esta convergência caracterizaria todo um conjunto de intelectuais judeus da Europa Central do início do século XX e teria produzido, justamente pela conjunção de elementos tão diversos, obras de uma grande força de renovação. As análises de Löwy são muito ricas e muito esclarecedoras do ponto de vista histórico, mas não conseguem, parece-me, dar verdadeiramente conta da consistência teórica da reflexão benjaminiana. Uma das principais razões dessa deficiência é uma leitura por demais realista da *Urgeschichte* (história original, pré-história) na filosofia da história de Benjamin. Löwy insiste sobre o lado arcaizante desse conceito e, embora mencione a crítica de Adorno a este respeito, continua a defender este arcaísmo latente como uma contribuição decisiva e positiva para a teoria da história e da revolução em Benjamin: "*sua démarche, característica do romantismo revolucionário*, tece relações dialéticas entre o passado pré-capitalista e o futuro pós-capitalista, a harmonia arcaica e a harmonia utópica, a experiência antiga e a futura experiência liberada"[4].

Ora, uma outra leitura da filosofia da história benjaminiana parece-me possível e até mesmo necessária. Ela parte de uma definição da noção de *Ursprung* que certos intérpretes se arriscaram a aproximar da estrutura para melhor opô-la ao desenrolar cronológico[5]; isto não significa uma negação da dimensão profundamente histórica deste conceito, mas acarreta, como Benjamin sempre insistiu, uma apreensão

---

4. Michael Löwy, *op. cit. (francês)*, p. 150.
5. Sergio Paulo Rouanet, "Introdução" à tradução da *Origem tio Drama Barroco Alemão*, São Paulo, Brasiliense, 1984, p. 20. Citado a partir de agora como *Origem*...

do tempo histórico em termos de *intensidade* e não de cronologia. Nós nos propomos, neste capítulo, a precisar esta definição de *Ursprung* apoiando-nos no famoso "Prefácio" do livro sobre o barroco[6]; tentaremos mostrar, depois, que o movimento constitutivo da origem, ao mesmo tempo de restauração e de dispersão, caracteriza vários momentos essenciais da reflexão de Benjamin, em particular sua teoria da alegoria, sua teoria da tradução e sua teoria da reprodutibilidade das obras de arte. Tal recorrência da dinâmica do *Ursprung* nestes contextos tão diversos deveria permitir situar esse pensamento além das alternativas habituais – e, igualmente, do romantismo revolucionário – e ler a filosofia da história e a filosofia da linguagem de Benjamin como uma reflexão centrada na modernidade, no profundo copertencimento do eterno e do efêmero.

Quer se trate do drama barroco alemão ou da crítica à visão socialdemocrata do progresso, a noção de origem deve servir de base a uma historiografia regida por uma outra temporalidade que a de uma causalidade linear, exterior ao evento. No livro sobre o barroco, Benjamin opõe a origem à gênese (*Entstehung*) e, de maneira paralela, nas "Teses" e no "Passagen-Werk", ao desenvolvimento (*Entwicklung*)[7]. Em numerosos fragmentos desta última obra[8] assim como no diário dos seus últimos anos, ele ressalta repetidas vezes a similitude dos dois empreendimentos, um consagrado ao século XVII, o outro ao XIX: "Minha tentativa de trazer à expressão uma concepção de história, na qual o conceito de desenvolvimento seja totalmente contido por aquele de origem", resume ele[9]. No prefácio do livro sobre o drama barroco, a origem se opõe à gênese, como a história natural à história enquanto processo globalizante de desenvolvimento. Benjamin nos remete aqui à noção clássica de *historia naturalis*[10], que retoma o termo grego de *historia*, pesquisa, informação, relatório, um termo que designa uma atividade de exploração e de descrição do real sem a pretensão de explicá-lo. (Lembremo-nos aqui que Heródoto, personagem central do ensaio sobre "O Narrador", é, justamente, o autor de *historiai* neste sentido primeiro!) A *historia* repousa numa prática de coleta de informações, de separação e de exposição dos elementos, prática muito mais aparentada àquela do colecionador, figura-chave da filosofia e, também,

---

6. Walter Benjamin, "Ursprungdes deutschen Trauerspiels", em *Ges. Sehr.* 1-1, Frankfurt am Main, Suhrkamp. Citado a partir de agora como "Ursprung"... O prefácio intitula-se "Erkennlniskritische Vorrede", *op. cit.*, pp. 207 e ss. Citado agora como "Prefácio" (ou "Vorrede").
7. "Teses", *op. cit.*, nota 1 da nossa "Introdução". O outro texto citado é a obra inacabada de Benjamin, *Das Passagen-Werk*, *Ges. Sehr.* V-l e V-2, Frankfurt am Main, Suhrkamp, 1982. Não há tradução brasileira.
8. *Das Passagen-Werk*, *op. cit.*, Caderno IV, fragmentos NI, 6, Nia, 2, N2a, 4 por exemplo, resp. pp. 571, 573, 577.
9. "Tagebuch von 7/8/1931 bis zum Todestag", em *Ges. Sehr.* VI, Frankfurt am Main, Suhrkamp, 1985, pp. 442-443 (trad. J. M. G.).
10. "Vorrede", *op. cit.*, p. 227 (trad. bras., p. 69).

da vida de Benjamin, do que àquela do historiador no sentido moderno que tenta estabelecer uma relação causal entre os acontecimentos do passado. Os objetos dessa coleta não são anteriormente submetidos aos imperativos de um encadeamento lógico exterior, mas são apresentados na sua unicidade e na sua excentricidade como as peças de um museu. A pesquisa se detém e se mantém no estudo do fenômeno, não para dele dar uma descrição ingenuamente positivista, mas, pelo contrário, para lhe restituir sua dimensão de objeto "bruto", único e irredutível; ela o imobiliza nesta brutalidade para preservá-lo do esquecimento e da destruição, cujas explicações já prontas são formas correntes. O *Ursprung* designa, portanto, a origem como salto (*Sprung*) para fora da sucessão cronológica niveladora à qual uma certa forma de explicação histórica nos acostumou. Pelo seu surgir, a origem quebra a linha do tempo, opera cortes no discurso ronronante e nivelador da historiografia tradicional. Nas "Teses", Benjamin brinca com este sentido literal de *Ursprung* como salto primeiro, em particular na famosa Tese XIV que descreve a apropriação do passado republicano romano pelo Robespierre revolucionário como uma tentativa de fazer saltar (*heraussprengen*) o passado congelado para fora do contínuo histórico. Construção histórica originária que a moda coloca em cena, certamente a serviço da classe dominante, quando pula como um tigre (*Tigersprung*) no passado para agarrar sua presa[11]. Este mesmo salto, livre da dominação, designaria o pulo dialético da revolução, acrescenta Benjamin. A leitura atenta desta tese impede, portanto, uma compreensão da noção de *Ursprung* no sentido de uma metafísica das origens, invalidando assim as interpretações correntes da citação de Karl Kraus, colocada ironicamente por Benjamin em epígrafe a este texto: "Origem é o alvo" ("Ursprung ist das Ziel"). Tais interpretações afirmam, geralmente, que a filosofia da história benjaminiana é movida pelo desejo nostálgico de uma volta a uma origem matinal, a um início imaculado[12]. Trata-se muito mais de designar, com a noção de *Ursprung*, saltos e recortes inovadores que estilhaçam a cronologia tranquila da história oficial, interrupções que querem, também, parar esse tempo infinito e indefinido, como relata a anedota dos franco-atiradores (Tese XV), que destroem os relógios na noite da Revolução de Julho: parar o tempo para permitir ao passado esquecido ou recalcado surgir de novo (*entspringen*, mesmo radical que *Ursprung*), e ser assim retomado e resgatado no atual.

História e temporalidade não são, portanto, negadas, mas se encontram, por assim dizer, concentradas no objeto: relação intensiva do objeto com o tempo, do tempo *no objeto*, e não extensiva do objeto *no tempo*, colocado como por acidente num desenrolar histórico hetero-

---

11. "Über den Begriff der Geschichte", *op. cit.*, p. 701. Trad. Flávio R. Kothe, *op. cit.*, p. 161; trad. Sergio P. Rouanet, *op. cit.*, pp. 229-230.
12. Em particular Stéphane Moses, *op. cit.*, pp. 818 e ss.

gêneo à sua constituição. As considerações metodológicas das "Teses", último texto de Benjamin, retomam, e isso até no vocabulário, a afirmação do "Prefácio" do livro sobre o drama barroco:

> O alcance do seu [do historiador materialista] procedimento consiste em que a obra de uma vida está conservada e abolida *na obra*, a época *na obra* de uma vida e todo o curso da história *na* época. O fruto nutritivo do que foi historicamente compreendido tem em seu *interior* o tempo como semente preciosa, mas desprovida de gosto.

e, no "Prefácio":

> Pois aquilo que é apreendido na ideia de origem só tem história ainda como um teor, não mais como um acontecer pelo qual seria atingido. O assim apreendido só conhece história dentro, não mais num sentido sem margens, mas num sentido referido ao ser essencial, o qual permite caracterizá-la como sua pré e pós-história[13].

Essa coincidência da pré e pós-história explica por que Benjamin introduz, nesse mesmo contexto, o conceito de enteléquia[14], que ressalta também o antagonismo entre uma concepção mecânica e uma concepção orgânica ou, ainda, entre um modelo físico e um modelo biológico da causalidade histórica; uma noção que ainda indica que a própria totalidade é alcançada no objeto e não só numa ordem universal, exterior aos objetos particulares. Isso se torna especialmente claro em Leibniz, que designa explicitamente as mônadas como enteléquias, e que Benjamin cita várias vezes, tanto no "Prefácio" como nas "Teses". Origem, enteléquia, mônada: trata-se sempre da mesma ideia de totalização a partir do próprio objeto e nele, da referência a uma pré e pós-história irredutíveis ao desenvolvimento cronológico da *Entstehung*, que ele lhe seja anterior ou posterior.

Nas suas anotações à redação da *Origem do Drama Barroco Alemão*, Benjamin aproxima explicitamente seu conceito de origem (*Ursprung*) do de protofenômeno (*Urphänomen*) que Goethe desenvolve nos seus ensaios de ciências naturais, notadamente em botânica e zoologia. Citemos Benjamin:

> Ao estudar a exposição que Simmel dá do conceito de verdade em Goethe [Georg Simmel, *Goethe*, Leipzig, 1931], especialmente na sua excelente explicitação do protofenômeno, tornou-se irretrucavelmente claro para mim que meu conceito de "origem", no livro sobre o drama barroco, é uma transposição rigorosa e cogente do domínio da Natureza para o da História, deste conceito básico de Goethe. "Origem" – é o conceito de protofenômeno teoló-

---

13. "Über den Begriff der Geschichte", *op. cit.*, p. 703. Trad. Kothe, *op. cit.*, p. 163; trad. Rouanet, *op. cit.*, p. 231; preferi retraduzir o trecho citado. "Vorrede", *op. cit.*, p. 227; *Origem...*, p. 69 ("Prefácio").
14. "Ursprung also ist Entelechie", primeira versão da "Vorrede", *Ges. Sehr.* 1-3, p. 946.

gica e historicamente diferente, teológica e historicamente vivo, tirado das conexões naturais pagas e transportado para as conexões judaicas da história. "Origem" – é o protofenômeno no sentido teológico[15].

A passagem citada do livro de Simmel ressalta justamente que o "protofenômeno" de Goethe tenta pensar a unidade de uma "lei intemporal" e de sua "visibilidade temporal" (Simmel, *op. cit.*, p. 57), esta coincidência interna constitui, segundo Benjamin, o histórico no sentido pleno do termo. Goethe desenvolve este conceito a partir da história natural; esse modelo, oriundo da descrição da natureza e de um contexto "pagão" (isto é, sem referência à história da Criação e da Salvação) deve ser transposto ao domínio da história, no quadro da teologia, em particular da judaica. Para corrigir um modelo mecanicista e determinista da causalidade histórica, um modelo do "tempo homogêneo e vazio", como o dirá nas "Teses", Benjamin recorre a três modelos epistemológicos fundamentais: ao da *historia naturalis*, da reflexão biológica clássica – da qual Goethe é um eminente representante – sobre a lei interna do desenvolvimento dos organismos vivos; ao da teologia judaica, da grande esperança religiosa e histórica afirmada na História do Exílio e da Redenção. Esses dois modelos heterogêneos sofrem uma espécie de condensação na teoria do *Ursprung*; com efeito, se este designa, certamente, uma lei inerente à natureza do objeto – e, neste sentido, pode ser interpretado em termos de estrutura – ele é, ao mesmo tempo, o conceito decisivo que fundamenta a possibilidade de *Rettung* (salvação), objetivo último, segundo Benjamin, de toda teoria verdadeira.

A filosofia de Platão, terceiro modelo presente no "Prefácio", também é retomada por sua visada soteriológica; com efeito, a doutrina das Ideias é interpretada aí não como uma projeção arbitrária do sensível num vago céu inteligível, mas como o esforço de salvar os fenômenos (*ta phainomena sôizein*) na sua reunião ideal, uma possibilidade cujos signos privilegiados são os nomes. A busca da verdade é definida, na esteira de Platão, como um processo de rememoração e de consideração meditativa (*Betrachtung*), e não como um processo de aquisição de conhecimento baseado na dedução ou na indução. Trata-se de saber considerar a realidade dos objetos de maneira suficientemente crítica para nela descobrir, na sua constituição mesma, os rastros de uma outra configuração ideal de cuja memória os nomes são os guardiões. O real fica assim submetido, como em Platão, a um duplo movimento de destruição e de restituição salvadoras: denunciado por seus engodos e por sua presunção, ele se revela como sendo desordem e,

---

15. *Ges. Sehr.* 1-3, pp. 953-954 (trad. J. M. G.). Benjamin retomará esta nota no caderno N do "Passagen-Werk", insistindo aqui mais no histórico e menos no teológico. Sobre a ligação entre *Ursprung* e *Urphänomen* cf. R. Tiedemann, *Studien zur Philosophie Walter Benjamins*, Frankfurt am Main, Suhrkamp, 1973, pp. 76 e ss.; cf. também Stéphane Moses, *op. cit.*, pp. 825 e ss.

por isso mesmo, deixa perceber o apelo de uma transformação redentora. São os elementos os mais "extremos", os mais díspares que, segundo Benjamin e diferentemente de Platão, testemunham um outro ordenamento ideal onde poderiam ser reintegrados na sua verdade perdida. A atividade do *conceito* tem por tarefa essencial a análise e a dissecação dos fenômenos, no intuito de destruir sua imagem já pronta e de expor seu secreto pertencer a essa ordem ideal. A análise conceitual tem, portanto, um papel de mediação imprescindível que visa um duplo resultado, "salvar os fenômenos e representar [apresentar] as ideias"[16].

Essa importância concedida ao excêntrico e ao estranho distingue, no "Prefácio", o método benjaminiano dos empreendimentos dedutivos ou indutivos da história da arte vigente que se esforça em classificar os fenômenos segundo valores de representatividade paradigmática ou de média estatística. Ora, para Benjamin, é justamente aquilo que escapa à classificação que se torna indício de uma verdade possível da qual a Ideia desenha o contorno enquanto totalidade redimida:

> A descoberta pode encontrar o autêntico nos fenômenos mais estranhos e excêntricos [no mais singular e mais esquisito dos fenômenos], nas tentativas mais frágeis e toscas, assim como nas manifestações [aparições] mais sofisticadas [demasiadamente maduras] de um período de decadência [de uma época tardia]. A ideia absorve [assume] a série de manifestações históricas, mas não para construir uma unidade a partir delas, nem muito menos para delas derivar algo de comum. Não há nenhuma analogia entre a relação do particular com o conceito e a relação do particular com a ideia: no primeiro caso [ali], ele é incluído sob o conceito, e permanece o que era antes [o que era] – um particular [particularidade]; no segundo caso [aqui], ele é incluído sob a ideia [ele está na ideia] e passa a ser o que não era – totalidade. Nisso consiste sua redenção ["salvação"] platônica[17].

Benjamin ficará sempre fiel a este "método" tortuoso que desconfia dos valores médios e se consagra pacientemente à análise do atípico, até do monstruoso e do deformado – como os seres híbridos de Kafka – ou do perverso e do anormal – como os doentes de Freud. Esta atenção, repitamos, não é nem gratuita nem estetizante, mas é orientada por uma exigência ao mesmo tempo epistemológica e teológica: aquela da salvação.

Com efeito, os três modelos subjacentes ao "Prefácio", a teoria do *Urphänomen* em Goethe, a teologia judaica do Exílio e da Salvação, enfim a doutrina das Ideias, testemunham, apesar de sua heterogeneidade (aliás típica do uso benjaminiano da citação), de um empreendimento semelhante, o de ler na positividade do dado – do germe, do exílio e do nome, portanto, da natureza, da história e da linguagem – ao mesmo tempo o rastro e a promessa de uma outra or-

---

16. "Vorrede", p. 215; *Origem...*, p. 57 ("Prefácio").
17. "Vorrede", p. 227; *Origem...*, pp. 68-69 ("Prefácio").

dem que constitui sua verdade e deveria permitir salvá-lo. Assim, a origem não designa somente a lei "estrutural" de constituição e totalização do objeto, independentemente de sua inserção cronológica. Enquanto origem, justamente, ela também testemunha a não-realização da totalidade. Ela é ao mesmo tempo indício da totalidade e marca notória da sua falta; neste sentido preciso, ela remete, sim, a uma temporalidade inicial e resplandecente, a da promessa e do possível que surgem na história. Mas nada garante o cumprimento desta promessa como nada garante nem o final feliz da história nem a redenção do passado, dirá Benjamin nas "Teses". Se a origem remete, então, a um passado, isso se dá sempre através da mediação do lembrar ou da leitura dos signos e dos textos, através da rememoração (*Eingedenken*), categoria-chave da filosofia da história de Benjamin, oriunda, sem dúvida nenhuma, da tradição religiosa judaica. Não existem, portanto, reencontros imediatos com o passado, como se este pudesse voltar no seu frescor primeiro, como se a lembrança pudesse agarrar uma substância, mas há um processo meditativo e reflexivo, um cuidado de fidelidade teológica e/ou política a uma promessa de realização sempre ameaçada, pois passada no duplo sentido de *vergangen* (passado/desaparecido). Assim, Benjamin afirma que o movimento da origem só pode ser reconhecido "por um lado, como restauração e reprodução, e por outro lado, e por isso mesmo, como incompleto e inacabado [não fechado]"[18]. O tema da restauração, da *restitutio* ou da *apokatastasis* volta várias vezes na obra de Benjamin; indica, certamente, a vontade de um regresso, mas também, e inseparavelmente, a precariedade deste regresso: só é restaurado o que foi destruído, quer se trate do Paraíso, de uma forma de governo, de um quadro ou da saúde (cf. os diversos contextos de uso da palavra grega *apokatastasis*). A restauração indica, portanto, de maneira inelutável, o reconhecimento da perda, a recordação de uma ordem anterior e a fragilidade desta ordem. Por isso, diz Benjamin, se o movimento da origem se define pela restauração, ele também é "e por isso mesmo, [algo] incompleto e não fechado"[19]. A origem benjaminiana visa, portanto, mais que um projeto restaurativo ingênuo, ela é, sim, uma retomada do passado, mas ao mesmo tempo – e porque o passado enquanto passado só pode voltar numa não-identidade consigo mesmo – abertura sobre o futuro, inacabamento constitutivo.

Porque o *Ursprung* é uma categoria histórica e não uma forma atemporal (ao contrário das Ideias de Platão), por isso inacabamento e abertura também lhe pertencem, são as condições de possibilidade (não a garantia) do seu completo desdobramento. A origem seria, por assim dizer, uma Ideia que só pode se realizar, verdadeiramente, historicamente: "Em cada fenômeno de origem se determina a forma com [sob] a qual uma ideia se confronta [sempre de novo] com o mundo

---

18. "Vorrede", p. 226; *Origem...*, p. 68 ("Prefácio").
19. *Idem, ibidem.*

histórico, até que ela atinja a plenitude na totalidade de sua história"[20]. Uma definição que coloca em questão não só a eternidade da Ideia platônica, mas também uma representação abstrata e vazia do tempo histórico como sucessão infinita de pontos que somente a ordem de sua aparição interligaria. No "Prefácio", Benjamin já sugere que estes pontos isolados, os fenômenos históricos, só serão verdadeiramente salvos quando formarem uma *constelação*[21], tais estrelas, perdidas na imensidão do céu, só recebem um nome quando um traçado comum as reúne. Esta metáfora da *constelação*, que explicita a tarefa redentora da Ideia, é retomada naquela da citação, tal qual as "Teses" a desenvolvem. Quando Robespierre cita a Roma antiga (Tese XIV), Benjamin vê nesta retomada, talvez inábil, o esboço de uma ligação inédita entre dois fenômenos históricos; graças a esta ligação, dois elementos (ou mais) adquirem um novo sentido e desenham um novo objeto histórico, até aí insuspeitado, mais verdadeiro e mais consistente que a cronologia linear (um pouco como esses jogos nos quais a criança deve interligar entre eles pontos esparsos no papel que, subitamente, revelam uma figura insuspeitada). Em oposição à narração que enumera a sequência dos acontecimentos como as contas de um rosário, este procedimento, que faz emergir momentos privilegiados para fora do *continuum* cronológico, é definido, no fim das "Teses", como a apreensão de uma *constelação* salvadora[22].

O tema da *restitutio* ou da *apokatastasis*, explicitamente tomado da teoria da salvação de Orígenes (no ensaio de 1936 intitulado "O Narrador"), remete também, evidentemente, à teologia judaica do Exílio e da Volta. Essa referência é muito mais clara na primeira versão do "Prefácio", publicada na edição crítica. Benjamin associa ali de maneira estreita os conceitos de origem e de revelação: "Todo originário é restauração incompleta da revelação"[23], afirma ele, ou ainda, ao descrever os modos de apresentação do originário como sendo o reconhecimento e a descoberta: "A descoberta de uma atualidade de um fenômeno como de um representante de conexões esquecidas da revelação"[24]. Se a referência à teologia ressalta a dinâmica histórica e temporal atuante no desdobramento da origem, devemos, porém, nos lembrar que, para a tradição judaica, a salvação não aconteceu ainda e até mesmo, segundo certas correntes místicas como o Lurianismo, que se a salvação é promessa, nunca é segurança, pois o Exílio da

---

20. "Vorrede", p. 226; *Origem...*, p. 68 ("Prefácio").
21. "Vorrede", pp. 211-215; *Origem...*, pp. 56-57 ("Prefácio").
22. "Über den Begriff der Geschichte", p. 704 (Anhang A). Trad. Kothe, *op. cit.*, p. 163; trad. Rouanet, *op. cit.*, p. 232.
23. *Ges. Sehr.* 1-3, p. 935 (trad. J. M. G.).
24. *Idem*, p. 936. Podemos também notar que, em 1931, Benjamin ressaltará a relação (que deveria ser objeto de "pesquisas", diz ele) entre seu conceito de *Origem* e o de *Revelação* em Rosenzweig (cf. *Ges. Sehr.* VI, *op. cit.*, p. 207, em "Betrachtungen und Notizen") (trad. J. M. G.).

Criatura recai sobre Deus mesmo, afastando cada vez mais o universo da sua ordem primeira[25].

Esses deslocamentos e essas alternâncias entre um modelo epistemológico (platônico ou goetheano) e um modelo teológico de história da salvação, da definição benjaminiana da *origem*, não nos permitem, todavia, assimilar esta última a um começo cronológico, à imagem do Paraíso perdido – ou do comunismo primitivo! O perigo consistiria, neste caso, em confundir num único momento aquilo que Benjamin quis justamente manter distinto, a origem (*Ursprung*) e a gênese (*Entstehung*), qualquer que seja o início que a última designa, a criação de Adão ou a aparição da vida na Terra. Essa identificação, que vários comentadores defendem[26] e que o tom muitas vezes nostálgico de Benjamin pode estimular, compromete, porém, de maneira considerável, o motivo essencial de sua filosofia da história, desde o livro sobre o barroco até o texto póstumo das "Teses": a saber, que a exigência de rememoração do passado não implica simplesmente a restauração do passado, mas também uma transformação do presente tal que, se o passado perdido aí for reencontrado, ele não fique o mesmo, mas seja, ele também, retomado e transformado.

Vemos melhor, agora, por que e em que sentido a origem benjaminiana é profundamente histórica; por que, paradoxalmente, a restauração da origem não pode cumprir-se através de um suposto retorno às fontes, mas, unicamente, pelo estabelecimento de uma nova ligação entre o passado e o presente. Dito de maneira paradoxal, o *Ursprung* precisa, então, da história para dizer-se, não é o início imaculado da história, mas, sim, a figura temporal de sua redenção. Ora, segundo as "Teses", notadamente, esta figura só pode aparecer e ser reconhecida através de uma luta obstinada. Por que a necessidade deste combate que Benjamin assimila, um pouco rapidamente, à luta de classes? Porque, para serem salvos, os fenômenos devem ser arrancados – pelo conceito – a uma falsa continuidade, aquela que é abusivamente chamada objetiva, como se a cronologia não fosse, ela também, o fruto de uma construção historiográfica. Aqui também Benjamin reencontra Platão, que extraía as palavras do fluxo confortável do discurso habitualmente aceito para transformá-las em outras tantas interrogações fundadoras. No contexto mais diretamente político das "Teses", Benjamin ressalta que a narração da historiografia dominante, sob sua aparente universalidade, remete à dominação de uma classe e às suas estratégias discursivas. Esta narração por demais coerente deve ser interrompida, desmontada, recortada e entrecortada. A obra de salvação do *Ursprung* é, portanto, ao mesmo

---

25. Benjamin parece mesmo se referir à mística de Isaac Luria na famosa Tese IX, na qual o anjo da história gostaria tanto de parar para "recolher os cacos".
26. Notadamente, e de maneira brilhante, Stéphane Moses, *op. cit.*; igualmente, num contexto mais político, Michael Löwy, *op. cit.*

tempo e inseparavelmente, obra de destituição e de restituição, de dispersão e de reunião, de destruição e de construção.

Os partidários de uma interpretação mais tradicionalmente religiosa – no sentido de uma volta às fontes ou de um novo criar raízes – da filosofia de Benjamin costumam citar, juntamente com a *Origem do Drama Barroco Alemão*, os dois textos de filosofia da linguagem, o ensaio de 1916, "Sobre a Língua em Geral e sobre a Língua do Homem"[27]e o prefácio de 1921 à tradução dos poemas de Baudelaire, "A Tarefa do Tradutor"[28]. Com efeito, as analogias entre o primeiro texto e o "Prefácio", particularmente, chamam atenção; Benjamin mesmo o observou, ao ressaltar a dificuldade desses dois escritos e ao comparar o "Prefácio" a uma *masslose hutzpe*, a um "atrevimento desmedido"[29]; cabe observar que a palavra *hutzpe* provém do ídiche e adverte, ironicamente, o leitor da presença constante, mas oblíqua, da teologia judaica nesses textos. No ensaio de 1916, a origem assume a figura da língua adâmica e a ruptura do pecado original que leva à confusão linguística de Babel. Mas a referência ao *Gênese* não tem por alvo, Benjamin insiste nisto, uma descrição da história do desenvolvimento das línguas. Não oferece a descrição de um passado hipotético, mas possibilita pensar uma concepção não-instrumental da linguagem, concepção centrada na nomeação e não na comunicação.

Assim, na leitura benjaminiana de *Gênese* 2:20, a língua adâmica responde ao verbo criador de Deus quando ela dá um nome aos animais; ao reconhecer o objeto como criado, ela o conhece na sua essência imediata. Por isso os nomes adâmicos só dizem de si, isto é, já do objeto na sua plenitude. A "queda" é a perda dolorosa desta imediaticidade, perda que se manifesta, no plano linguístico, por uma espécie de "sobredenominação" (*Überbenennung*), uma mediação infinita do conhecimento que nunca chega ao seu fim. Desde então, a linguagem humana se perde nos meandros de uma significação infinita, pois tributária de signos arbitrários. As diferentes línguas são outras tantas tentativas que, cada uma à sua maneira, procuram reencontrar, ao mesmo tempo através e apesar do peso da significação, essa nomeação originária que as fundamenta e que elas visam.

Portanto, há certamente um laço essencial entre língua e história, mas ele não pode ser explicitado de maneira linear como o interpreta, por exemplo, Stéphane Mosès, que lê os dois ensaios de 1916 e de

---

27. "Über Sprache überhaupt und über die Sprache des Menschen" ("Sobre a Língua em Geral e sobre a Língua do Homem"), *Ges. Sehr.* II-1, Frankfurt am Main, Suhrkamp, 1977, pp. 140 e ss. Não existe tradução brasileira.
28. "Die Aufgabe des Übersetzers" ("A Tarefa do Tradutor"), em *Ges. Sehr.* IV-1, Frankfurt am Main, Suhrkamp, 1972, pp. 9 e ss. Não existe tradução brasileira.
29. Na carta a Gershom Scholem do 19 de fevereiro de 1925 em W. Benjamin, *Briefe*, 2 vols., Frankfurt am Main, Suhrkamp. 1978, p. 372.

1921 como um modelo de filosofia da história, uma espécie de história teológica da linguagem: a língua adâmica corresponderia à Origem, perder-se-ia na queda e na multiplicidade de depois de Babel, mas ficaria salva desta decadência pela atividade restauradora e purificadora da tradução. O alvo último, a "língua suprema" de Mallarmé, citada por Benjamin no ensaio sobre o tradutor, seria, segundo Mosès, "a restauração da linguagem adâmica como termo utópico da linguagem"; teríamos aqui, ainda segundo Mosès, uma variante de "uma das constantes do pensamento de Benjamin: este sempre concebeu a utopia como uma reatualização do originário"[30]. Mosès reforça esta afirmação pelo comentário de três textos de Benjamin (aos quais voltaremos), um autobiográfico, o segundo a propósito de Kafka e, enfim, a famosa Tese IX; todos os três tratam da relação entre o passado e o futuro libertados, uma dinâmica que só acharia seu termo com a identidade reencontrada entre origem e fim da história. Mosès pode, então, concluir: "a única novidade verdadeiramente radical é a que se confunde com a restauração do originário"[31].

Esta leitura pode parecer convincente à primeira vista e orienta, sob diversas variantes, várias interpretações da filosofia da história de Benjamin. Gostaria, porém, de me opor a ela, pois ela me parece deixar escapar o paradoxo essencial da noção benjaminiana de origem, cuja análise acabamos de tentar: a saber, que a dinâmica da origem não se esgota na restauração de um estádio primeiro, quer que tenha realmente existido ou que seja somente uma projeção mítica no passado; porque também é inacabamento e abertura à história, surgimento histórico privilegiado, o *Ursprung* não é simples restauração do idêntico esquecido, mas igualmente, e de maneira inseparável, emergência do diferente. Essa estrutura paradoxal é a do instante decisivo, do *Kairos*, como o veremos várias vezes no decorrer deste texto. A história não é aqui simplesmente o lugar doloroso do declínio ou da Queda que o desejo de restauração queria abolir; tampouco é ela o espaço neutro e homogêneo de uma acumulação contínua e progressiva em vista da salvação. O *Ursprung* não preexiste à história, numa atemporalidade paradisíaca, mas, pelo seu surgimento, inscreve no e pelo histórico a recordação e a promessa de um tempo redimido. E na densidade do histórico que surge o originário, intensidade destrutora das continuidades e das ordens pretensamente naturais, intensidade salvadora também, pois reúne os elementos temporais díspares em uma outra figura possível, a de sua verdade. Esse confronto essencial da origem com a história é o tema-chave da filosofia de Benjamin, quer se trate, como ele o diz no "Prefácio" do livro sobre o barroco, para o crítico ou para o filósofo, de esboçar as "constelações" salvadoras das Ideias ou, como o dirá mais tarde nas "Teses", para o historiador materialista de discernir a constelação revolucionária entre o presente e o passado. Qual-

---

30. Stéphane Mosès, *op. cit.*, p. 812.
31. *Idem*, p. 820.

quer interpretação da filosofia da história de Benjamin que, ao querer descrever esse movimento de restauração e de salvação, acaba por definir a origem às expensas da história, quer seja está o teatro da decadência ou, ainda, um parêntese infeliz, condena-se, paradoxalmente, a deixar escapar a especificidade da noção de origem benjaminiana. A origem não está ligada a um aquém mítico ou a um além utópico que deveria ser reencontrado apesar do tempo e apesar da história. Lembramos que Benjamin criticou justamente o caráter mítico do *Urphänomen* de Goethe e se esforçou em transformar este conceito ainda demais naturalizante em termos radicalmente históricos[32]. Quanto à utopia, falou pouco dela, à diferença de Ernst Bloch com quem manteve relações bastante tensas[33]. Ao mito sempre opôs, de maneira muito clássica, a história[34] – e é no confronto com a história que origem, restauração e salvação encontram seu sentido.

Voltando aos ensaios de juventude de Benjamin sobre a linguagem, nossa hipótese de trabalho repousa numa preocupação similar: a língua originária adâmica do ensaio de 1916 não significa uma língua perfeita e primeira que seria o alvo da atividade tradutora. A língua originária o é no sentido preciso de significar o eco lancinante, nas línguas históricas e múltiplas de "após Babel", de sua verdade perdida e fundadora: isto é, que a língua humana, antes de ser discurso e comunicação, é nomeação – e, no *Gênese*, esta nomeação primordial é definida como resposta ao verbo criador de Deus. Num excelente artigo[35], Giorgio Agamben lembra com proveito que esta distinção entre o nível do discurso (*logos*) e o do nome (*onoma*) é essencial para toda tradição filosófica, de Platão (ou, melhor, de Antístenes) a Wittgenstein. Essa distinção fundamenta a paixão mística que "vela pela impossibilidade" de confundir o nível das frases com o dos nomes, ou ainda aquilo que os nomes dizem com o apelo que

---

32. Sobre a crítica de Benjamin às concepções míticas de Goethe, cf. o excelente artigo de Uwe Steiner, "'Zarte Empirie'. Ueberlegungen zum Verhältnis von Urphänomen und Ursprung in Früh – und Spätwerk Walter Benjamins", em *Antike und Moderne*, textos reunidos e apresentados por Norbert Bolz e Richard Faber, Königshausen und Neumann, 1986, pp. 20 e ss.

33. O artigo de Benjamin sobre o livro de Bloch, *Espírito da Utopia*, parece, infelizmente, "definitivamente" perdido (cf. Tiedemann nas anotações críticas do vol. VII das *Ges. Sehr.*, p. 527).

34. Um bom resumo dos diversos empregos do conceito de mito em Benjamin encontra-se no artigo de Burkardt Lindner, "'Das Passagen-Werk', die 'Berliner Kindheit' und die Archäologie des ‚Jüngst Vergangenen'", em *Passagen, W. Benjamins Urgeschichte des XIX. Jahrhunderts*, textos reunidos e editados por N. Bolz e B. Witte, München, Wilhelm Fink Verlag, 1984, pp. 39-42. Trad. fr. em *Walter Benjamin et Paris*, op. cit., pp. 13 e ss. No mesmo volume, ver também os artigos de R. P. Janz, M. Pezzella, W. Menninghaus.

35. Giorgio Agamben, "Langue et Histoire, Catégories historiques et Catégories linguistiques dans la pensée de Benjamin", em *Walter Benjamin et Paris, op. cit.*, pp. 973 e ss. Do mesmo autor, cf. igualmente *Idee der Prosa*, Hanser, 1987, pp. 84-85: *Idee des Namens*.

deixam ouvir[36]. Ela também permite compreender os laços profundos que história e linguagem entretêm:

> Como o homem só pode receber os nomes, que sempre o precedem, através de uma transmissão, por isso a história mediatiza e condiciona o acesso a esta esfera fundamental da linguagem [...]. Pouco importa aqui que os nomes sejam uma dádiva de Deus ou uma invenção humana: o importante é que, de qualquer modo, sua origem escapa ao sujeito falante [...]. A razão não pode encontrar o fundo dos nomes [...], ela não consegue rematá-los, pois, como vimos, eles lhe chegam historicamente, "descendendo". Esta "descida" infinita dos nomes é a história[37].

Neste contexto, se o primeiro texto de Benjamin insiste na dialética entre a palavra (*Wort*) criadora e divina e o Nome (*Name*) humano que (re)conhece, é notável que o segundo ensaio, por sua vez, tenha por tema central a relação essencial entre língua(s) e história sob a forma privilegiada de *tradição* histórica que constitui a *tradução*. Podemos igualmente notar que, se a disseminação das línguas após Babel é interpretada de maneira bastante negativa no ensaio de 1916, o ensaio sobre o tradutor, em compensação, propõe a seu respeito uma leitura muito mais positiva. A multiplicidade das línguas é, certamente, o signo de sua incompletude e de sua transitoriedade, mas o tradutor lê nela também um desejo comum de acabamento. Cada uma à sua maneira, as línguas dizem esta promessa de perfeição que as fundamenta em sua falta e em sua grandeza. E isso não tanto no nível do sentido ou do "conteúdo", mas porque são diversas "maneiras de querer dizer"[38], são "meios de densidade diferente"[39], ou, emprestando o termo de Humboldt, formas distintas umas das outras. Ora, a forma de uma língua, o que ela visa na sua especificidade, só pode se mostrar na passagem-*tradução*, *Übersetzung* – para uma outra língua: só na diferença entre as línguas, neste intervalo doloroso que o tradutor pretende, à primeira vista, preencher, mas que, de verdade, ele revela na sua profundidade, só neste intervalo então pode se expor a verdade das línguas. Maurice Blanchot comenta com força: "Todo tradutor vive da diferença das línguas, toda tradução está fundada nesta diferença, enquanto persegue, aparentemente, o desígnio perverso de suprimi-la"[40]. Ou ainda: a verdade do original só pode se dar a ver no afastamento do original, nas diversas transformações e traduções históricas que ele percorre, não na sua imediatez inicial.

---

36. *Idem, op. cit.*, p. 84.
37. *Idem*, *Langue et Histoire...*, pp. 794 e 795. Agamben cita o estoico Varrão (trad. J. M. G.).
38. "Arten des Meinens", em *Die Aufgabe des Übersetzers*, p. 14.
39. "Medien verschiedener Dichte", em *Über Sprache überhaupt und über die Sprache des Menschen*, p. 151.
40. Maurice Blanchot, "Reprises", *Nouvelle Revue Française*, n. 8, p. 476.

Temos aqui uma teoria da verdade como tradução integral e histórica. Na sua radicalidade mesma, esta teoria remete ao primeiro romantismo alemão de Iena, ao qual Benjamin acabava de consagrar sua tese de doutorado, em 1919. Os comentadores os mais competentes, como W. Menninghaus e Bettine Menke[41] concordam em ressaltar também a proximidade da teoria da linguagem de Benjamin daquela de Johann Georg Hamann, um dos seus autores preferidos, que ele cita várias vezes nestes textos e, igualmente, na sua crítica ao conceito de experiência em Kant[42]. Como Novalis e, antes dele, como Hamann, Benjamin defende um conceito universal de tradutibilidade, não só entre as diversas línguas humanas, mas também da língua muda da natureza e dos objetos para a língua humana, sonora e articulada. B. Menke observa que Benjamin toma igualmente de Hamann a ideia de um dom (*Gabe*) da linguagem, dado por Deus aos homens, em particular em oposição à hipótese de Herder de uma invenção da linguagem pelos homens. Este dom divino está lembrado na definição da tradução como dom que se impõe ao sujeito falante: *Auf-gabe*. A atividade tradutora desenrola na multiplicidade das línguas e na história dos homens esta resposta à doação divina, até que a palavra divina se encontre totalmente desdobrada: "Toda língua superior é tradução da mais baixa, até que a palavra de Deus, que é a unidade deste movimento de linguagem, se desenvolva na sua última clareza"[43], assim concluía já o ensaio de 1916. Os conceitos de tradução e de tradutibilidade não são, portanto, meras noções linguísticas, mas remetem, para Benjamin como para Novalis ou para Hamann, à História da Revelação e da Salvação. No entanto, seria desconhecer a especificidade desta concepção querer assimilá-la à revelação de um sentido último e transcendente. B. Menke mostra muito bem como a afirmação da origem divina da linguagem solapa a soberania do sujeito linguístico, pois a língua não é seu produto. O homem é assim, essencialmente, um ser de linguagem, mas a linguagem, que o define, lhe escapa de maneira igualmente essencial. Este movimento de disponibilidade e de evasão explica também por que a linguagem humana não pode ser reduzida à sua função instrumental de transmissão de mensagens: os homens já nascem num mundo de palavras das quais não são os senhores definitivos; só quando desistem desta ilusão de senhoria e de dominação para responder a esta doação originária, só então eles, verdadeiramente, falam. Assim, a definição teológica da origem da linguagem, que será retomada e secularizada por vários autores contemporâneos, não garante nenhuma

---

41. Winfried Menninghaus, *Walter Benjamins Theorie der Sprachmagie*, Frankfurt am Main, Suhrkamp, 1980, pp. 37 e ss. Bettine Menke, *Sprachfiguren, Name-Allegorie--Bild nach Walter Benjamin*, München, W. Fink Verlag, 1991, pp. 46 e ss.
42. Cf. W. Benjamin, "Über das Programm der Kommenden Philosophie", em *Ges. Sehr.* II-l, p. 168. Não há tradução brasileira.
43. *Über Sprache überhaupt und über die Sprache des Menschen*, p. 157 (trad. J. MG.).

presença de um sentido último, mas, paradoxalmente, cava no interior da linguagem humana o sem-fundo do inominável: aquilo que a teologia judaica chamava, justamente, do nome proibido de Deus. B. Menke explicita, de maneira muito convincente, como Benjamin remete a Hamann que remete à Cabala que remete à Tradição que remete à Revelação... que não remete a nenhum sentido último fora àquele que, justamente, já se diz desde sempre na Tradição[44]. Este movimento vertiginoso merece ser destacado para indicar, contra algumas leituras apressadas, que o recurso teórico à teologia (que não é sinônimo de invocação à religião) não significa necessariamente a afirmação de um fundamento absoluto que seria a garantia de um sentido transcendente e definitivo. Esta observação parece-me deveras esclarecedora quanto à relação de Benjamin com a teologia, da qual deveremos tratar ainda várias vezes. Quanto a saber se esta vertigem é o mesmo movimento que descreve a *differance* derridadiana... isto é uma outra história![45]

A proximidade desta teoria da tradução da do Romantismo de Iena transparece igualmente no vocabulário vitalista que Benjamin emprega para descrever as relações entre o original e suas diversas traduções: elas manifestam sua sobrevivência (*Überleben*) e sua continuação viva (*Fortleben*); porém, como o observou Jacques Derrida no seu ensaio sobre o texto em questão[46], este vocabulário é prontamente relativizado – não pensemos que esta vida seja meramente natural, ela pertence à história, é a partir da história que "o domínio da vida deve ser determinado"[47]. O que pressupõe, acrescenta Benjamin, que a história não é simplesmente o teatro (*Schauplatz*) do vivo, como se fosse somente um palco vazio e indiferente aos acontecimentos, mas que ela é muito mais, segundo os termos já citados do "Prefácio" ao livro sobre o barroco, a dinâmica essencial e precária do vivo, sua pré e pós--história[48]. A vida de uma obra, sua redação original e suas diversas traduções (mais tarde, próximo da crítica marxista, Benjamin falará

---

44. B. Menke, *op. cit.*, p. 69; B. Menke cita em particular Gershom Scholem, "Offenbarung und Tradition", em *Über einige Grundbegriffe des Judentums*, Suhrkamp, 1970, pp. 90 e ss., que descreve admiravelmente este movimento de "dessubstancialização" da revelação divina.
45. O livro, muito instigante, de Bettine Menke padece dessa assimilação por demais inteira. Tem, no entanto, o grande mérito de chamar a atenção sobre a proximidade da reflexão de Derrida e de certas *figuras* filosóficas de Benjamin – como já o tinham feito, de maneira menos sistemática, Samuel Weber ("Lecture de Benjamin", *Revue Critique*, n. 267-268, 1969), Jeanne Marie Gagnebin (*Zur GeschiclUsphilosophie Walter Benjamins. Die Unabgeschlossenheit des Sinnes*, Erlangen, Verlag, Palm & Enke, 1978) e, de maneira mais alusiva, Christine Buci-Glucksmann (*La raison baroque. De Baudelaire à Benjamin*, Paris, Galilée, 1984). Por isso esse livro contribui a uma espécie de operação tira-poeira da recepção de Benjamin, muitas vezes ainda paralisada pela alternativa marxismo contra a teologia ou, então, restrita a uma pesquisa filológica das influências sofridas por Benjamin.
46. Jacques Derrida, "Des Tours de Babel", 1979, em *L'art des Confins*, *Mélanges offerts à Maurice de Gandillac*, PUF, 1985, p. 218. Voltaremos a este artigo.
47. "Die Aufgabe des Übersetzers", p. 11.
48. "Vorrede", p. 226. *Origem*..., p. 68 ("Prefácio").

também dos seus diversos modos de transmissão e de recepção), esta vida não remete então a um desenvolvimento espontâneo e natural, mas, sim, ao confronto entre a origem e a história das línguas. Esta história não é um amadurecer tranquilo, mas, pelo contrário, o processo violento, estranho, sim quase alienante, que as traduções impõem ao texto original. Este ainda repousa num acordo precário e feliz entre a língua e o teor da obra, numa espécie de trégua benéfica na efervescência da história das línguas. Benjamin exprime esta concordância pela metáfora orgânica da unidade da fruta com sua casca; com as traduções, a história irrompe na sua violência e na sua arbitrariedade – que a beleza quase natural como o queria Goethe, da obra de arte, tinha feito esquecer por um instante – mas também a história, na sua majestade soberana; é a metáfora do manto real:

[...] pois a relação do teor com a língua é completamente diferente no original e na tradução. Pois no original eles formam uma certa unidade como a fruta e a casca; enquanto a língua da tradução envolve seu teor como um manto real de amplas dobras. Com efeito, ela significa uma língua mais alta de que ela é e permanece por isso, em relação a seu próprio teor, inadequada, violenta e estrangeira[49].

Com a história intervém, portanto, a violência, o arbitrário, a estranheza, mas também, e inseparavelmente, a majestade de uma dinâmica que transforma cada língua supostamente "natural" numa outra, mais alta que ela mesma. Este movimento violento e redentor é o da tradução como processo salvador (Benjamin fala assim também da crítica filosófica no "Prefácio"). Aqui também a dinâmica da salvação e a necessidade da destruição se encontram. Com efeito, segundo Benjamin, a verdadeira tradução rompe a ordem habitual da língua para manifestar nela a ordem do original; não se trata, portanto, de aclimatar o original na língua da tradução como se tivesse desaparecido nela,

---

49. "Die Aufgabe des Übersetzers", p. 15 (trad. J. M. G.). Derrida (*op. cit.*, pp. 229-230) interpreta esta passagem de maneira psicanalisante, aqui equivocada: Benjamin não valoriza a naturalidade imediata do original como o supõem as oposições – construídas por Derrida! – entre lei e natureza ou, ainda, entre roupa e nudez. Essa leitura repousa sobre a ideia da lei e da dívida (que o tradutor deveria cumprir), puxando assim a concepção da história em Benjamin do lado do dever e da absolvição (como se a *Aufgabe* fosse uma tarefa infinita). Ora, a palavra *lei* só é usada por Benjamin para descrever a relação entre tradutibilidade do original e forma da tradução ("Die Aufgabe des Übersetzers", p. 9). Quanto à palavra *dívida*, ela não aparece nem neste ensaio nem naquele de 1916. A desconstrução de Derrida parece-me, portanto, *neste texto preciso*, ser falha. Haveria muito mais, neste ensaio, uma preocupação comum a Benjamin e a Derrida, isto é, uma tentativa de pensar a origem como um processo desde já *différé*, como a impossibilidade de um significado primeiro ou último de antes da história ou de antes da tradição. Esses paralelos ficarão mais claros quando analisarmos a doutrina da alegoria em Benjamin. Observemos, enfim, que se várias relações podem ser então estabelecidas entre a origem benjaminiana e a *différance* derridadiana, o que manifesta o livro de Bettine Menke, uma questão essencial – para Benjamim! –, a da redenção e do *fim* da história, impossibilita qualquer assimilação apressada entre ambos autores.

mas, pelo contrário, de dobrar esta última segundo a forma do original, de restituir assim sua visada primeira, mas inacessível imediatamente. Quando não se apropria precipitadamente do original, mas o mantém na sua diferença, o tradutor transforma sua própria língua numa língua estranha e estrangeira. Blanchot comenta muito bem:

> O tradutor [...] é o mestre secreto da diferença entre as línguas não para aboli-la, mas para utilizá-la, para despertar na sua, pelas mudanças violentas ou sutis que lhe traz, uma presença daquilo que há de diferente, originariamente, no original[50].

Se, no início do seu empreendimento, pode ainda acreditar que se defrontava com dois conjuntos naturais e autossuficientes, a língua do original e a sua própria, o tradutor se vê paulatinamente confrontado, na sua tentativa de aproximá-las, com um duplo desterro: o original se lhe impõe cada vez mais como sendo, profundamente, outro; e sua própria língua deve se transformar numa língua alheia a si mesma para dizer esta alteridade sem sufocá-la.

Antes de Benjamin, vários autores já tinham reconhecido esta ética essencial da tradução. Benjamin cita algumas observações decisivas de Rudolf Pannwitz (no seu livro de 1917, *Die Krisis der Europäischen Kultur*) e alude às anotações de Goethe ao *Westöstlicher Divan*[51]. Este último texto é tanto mais interessante quanto Goethe nele desenvolve uma teoria histórica das diversas formas de tradução cuja "última" e "a mais elevada" se assemelha muitíssimo às traduções hölderlinianas de Sófocles, traduções estas que Goethe haveria de recusar.

Os três estádios históricos distinguidos por Goethe, a tradução "simplesmente prosaica", a tradução "parodística" e a terceira, que tenta se aproximar cada vez mais do original e, para isso, deve "mais ou menos renunciar" à originalidade da sua nação, estes três estádios descrevem admiravelmente as alternâncias da confrontação com o "outro". Enquanto a tradução "simplesmente prosaica" só deseja nos fazer conhecer o estrangeiro (*Ausland*) consoante à nossa compreensão linguística (*in unserem eigenen Sinne*), a segunda se apropria do sentido estrangeiro para transformá-lo no seu próprio, abolindo-o assim na sua diferença. A forma última, "que tende à identificação com o original", só pode efetuar esta aproximação no seio da sua própria língua, introduzindo assim, nela, a instância que lhe era exterior. Esta última forma "se aproxima finalmente" da "versão interlinear" – uma afirmação retomada por Benjamin na última frase do ensaio sobre o tradutor –, esboçando assim a figura paradoxal de uma língua altamente fiel à outra e alheia a si mesma.

---

50. Maurice Blanchot, *op. cit.*, p. 477.
51. Goethe, *Werke*, Hamburger Ausgabe, vol. 2, pp. 255 e ss. ("Noten und Abhandlungen zum Westöstlichen Divan. Übersetzungen").

Desta bela descrição, o sábio Goethe não tirou as consequências que poderiam ter ameaçado seu classicismo. E Hölderlin que, nas suas "transcriações"[52] devastadoras de Píndaro e de Sófocles, experimentará este risco até o fim, até o balbuciar da loucura e até o silêncio. Traduções ao mesmo tempo "monstruosas" e "arquetípicas"[53] que rompem as "barreiras gastas"[54] da língua do tradutor para que o original nela possa se dizer mais ainda. Este trabalho de expansão dos limites enriquece consideravelmente a linguagem, mas também a ameaça, necessariamente, de desagregação, de destruição sintática e semântica. Este perigo de estilhaçamento último indica, segundo Benjamin, que nossas línguas imperfeitas são os fragmentos, os cacos de uma língua superior que elas visam juntas. A tradução, como a crítica filosófica, dissipa a aparência de unidade natural de cada língua, ou de cada obra, por uma espécie de desmembramento salvador, revelador de sua verdade profundamente histórica: a de aludir a uma língua maior na qual as línguas múltiplas encontrar-se-iam, ao mesmo tempo, abolidas e redimidas. A bela imagem da quebra dos vasos, imagem já presente no "Prefácio" do livro sobre o barroco, volta no ensaio sobre a tarefa do tradutor:

> Pois, assim como os cacos de um vaso, para poder se deixar juntar, precisam seguir-se nos mínimos detalhes, no entanto não igualar-se, assim também deve a tradução, em vez de se tornar semelhante ao sentido do original, de maneira amorosa e até no menor detalhe deve ela se conformar, na sua própria língua, à maneira de querer dizer do original, a fim de que ambas línguas como cacos se tornem reconhecíveis enquanto fragmento de um vaso, fragmento de uma língua maior[55].

Esta comparação provém da mística de Isaac Luria que, respondendo à deportação dos judeus da Espanha em 1492, ensina a profunda copertença da História e do Exílio[56]. Na criação, Deus opera uma espécie de autolimitação, de contração que permite ao mundo surgir num "lugar" ocupado somente por sua plenitude inominável. A luz divina, que emana do Criador, é tão forte que as criaturas, semelhantes a frágeis recipientes de argila, não conseguem retê-la e quebram. Esta quebra dos vasos ou *Schebira* está na fonte desta desordem originária da qual sofre o mundo, deste estilhaçamento, desta dispersão universal à qual

---

52. Segundo a bela expressão do poeta e tradutor Haroldo de Campos.
53. "Die Aufgabe des Übersetzers", p. 17 e p. 21.
54. "Morsche Schranken", "Die Aufgabe des Übersetzers", p. 19.
55. *Idem*, p. 18 (trad. J. M. G.).
56. Cf. a este respeito G. Scholem, *Die Judische Mystik in ihren Hauptströmungen*, Frankfurt am Main, A. Metzner Verlag, 1957, pp. 312-314 (trad. bras., *As Grandes Correntes da Mística Judaica*, São Paulo, Perspectiva, 1972). Do mesmo autor, *Zur Kabbala und ihrer Symbolik*, Rhein Verlag Zürich, 1960, pp. 148 e ss. (trad. bras., *A Cabala e seu Simbolismo*, São Paulo, Perspectiva, 1978). Sobre essa metáfora em Benjamin, cf. J. M. Gagnebin, *op. cit.*, pp. 16-19 e p. 27, nota 89. Cf. também Eliane Escoubas, "De la traduction comme 'origine' des langues: Heidegger et Benjamin", em *Les Temps Modernes*, Paris, maio/jun. 1989, n. 514-515, p. 129.

somente a recolha messiânica porá fim. Notemos aqui que Deus mesmo está afetado por esta fratura essencial; sua *Schechina*, sua "presença", interpretada às vezes também como sua metade feminina, separa-se dele e toma o caminho do exílio. A história de Deus, por assim dizer, também começa com o espedaçar de sua presença e com o desvio obrigatório do Exílio que é, ao mesmo tempo, a única possibilidade de criação – um motivo que a filosofia retomará várias vezes, em particular em Schelling. Estas belas metáforas, que voltam muitas vezes nos textos de Benjamin, descrevem, assim, como inseparáveis o sofrimento do exílio e a sua necessidade: desde que há criação e história, há também fratura, desordem, *squize*. Antes, só haveria Deus – do qual nada pode ser dito, nem mesmo este "antes"; do fim deste exílio e desta história, não podemos também dizer nada. Fiel a esta tradição, Benjamin recusará as especulações filosófico-políticas sobre o futuro histórico, sejam elas sionistas, socialistas ou outras. O fim do exílio *e da história* não pode ser nem descrito nem previsto, mas, unicamente, e com precariedade, nomeado como a vinda do Messias.

Na sua diversidade, as línguas múltiplas e incompletas aspiram, pois, justamente, a este "fim messiânico de sua história"[57]. Este desejo torna-se visível quando a unidade natural de cada uma se desfaz no transtorno da tradução, na análise da crítica filosófica ou na desordem da frase poética. O ritmo entrecortado do fragmento de Mallarmé que, precisamente, descreve a *Crise do Verso*, provém desta ruptura dolorosa e fundadora de si mesma, da linguagem:

Les langues imparfaites en cela que plusieurs, manque la suprême: penser étant écrire sans accessoires, ni chuchotement mais tacite encore l'immortelle parole, la diversité, sur terre des idiomes empêche personne de proférer les mots qui, sinon se trouveraient, par une frappe unique, elle-même matériellement la vérité[58].

(As línguas imperfeitas nisso pois muitas, falta a suprema: pensar sendo escrever sem acessórios nem cochichar, mas tácita ainda a imortal palavra, a diversidade, na terra, dos idiomas, impede alguém de proferir as palavras que, do contrário, se encontrariam, por um cunho único, ela mesma materialmente a verdade.)

57. "Die Aufgabe des Übersetzers", p. 14.
58. Citação de *Crise de vers* de Mallarmé em *Die Aufgabe...*, p. 17. Benjamin insistiu reiteradas vezes na importância de Mallarmé para a sua reflexão sobre a linguagem; por exemplo, no seu último *curriculum vitae*, *Ges. Sehr.* VI, p. 226. A este respeito. Bettine Menke, *op. cit.*, pp. 302 e ss. Derrida (*op. cit.*, pp. 217-218) nota, com razão, que Benjamin não traduz a citação mallarmeana, deixando-a "brilhar como a medalha de um nome próprio no seu texto", respeitando "o único acontecimento de uma força performativa". Podemos observar também, com mais simplicidade, que os autores alemães contemporâneos, em geral, não traduzem as citações em línguas estrangeiras, ao contrário do uso francês e brasileiro em vigor. Neste caso preciso, Benjamin, certamente, não quer enfraquecer o efeito de língua estrangeira que Mallarmé inscreve na sua própria língua, enfraquecimento que seria provocado pelo deslocamento sintático que a tradução poderia causar.

A "língua suprema" de Mallarmé não é, portanto, a repetição de uma língua originária perdida, o hebraico sagrado da Bíblia ou as primeiras palavras de Adão. Ela é a projeção ideal da harmonia secreta das línguas que visa a elucidação histórica de suas diferenças. Somente a explicitação radical da multiplicidade das línguas, isto é, o reconhecimento da alteridade irredutível da língua estrangeira, imprime em cada língua singular este deslocamento doloroso e essencial que a obriga a sair da sua autossuficiência natural e, tornando-a estrangeira a si mesma, desperta nela o eco de uma outra língua, universalmente verdadeira. Se as línguas são, então, "imperfeitas nisso pois muitas" – daí a nostalgia mallarmeana de uma língua perfeita e única – a busca desta língua universal não implica, em Benjamin, a abolição da multiplicidade. Pelo contrário, somente o aprofundamento dessas diferenças, o trabalho minucioso do comentário filológico e da crítica histórica, a confrontação apaixonada do tradutor com a alteridade da língua estrangeira e da sua própria língua, permite que não se permaneça na mediocridade média e artificial do *esperanto*[59], mas que se esboce a Ideia de uma língua verdadeiramente universal. Reencontramos aqui, como no "Prefácio" ao livro sobre o barroco, o apego de Benjamin à singularidade, no duplo sentido de particularidade e de estranheza, dos fenômenos, sua recusa de uma assimilação niveladora e apressada, mas igualmente (isso deve ser notado para prevenir uma leitura hoje bastante em moda) sua recusa de uma dispersão infinita no individual. Num fragmento inédito da mesma época, a multiplicidade das línguas é afirmada na sua significação essencial, em oposição a toda interpretação que nela veria "o produto de uma degradação":

> A multiplicidade das línguas é uma multiplicidade essencial deste tipo. A doutrina dos místicos da degradação da verdadeira língua não pode, portanto, verdadeiramente, significar sua dissolução numa multiplicidade que contradiria a unidade originária e querida por Deus, mas – já que a multiplicidade das línguas é tanto menos um produto de degradação quanto a multiplicidade dos povos, sim, está mesmo tão distante de o ser que é precisamente esta multiplicidade que explica o caráter de essência das línguas – esta doutrina não pode indicar a dissolução da verdadeira língua numa multiplicidade, mas deve muito mais falar de uma progressiva impotência da violência integral de senhoria, esta violência que, no sentido dos místicos justamente, deverá ser atribuída a uma unidade essencial, revelada e linguística da significação, de tal maneira que esta [a verdadeira língua] não teria aparecido tanto como a língua originária realmente falada, porém muito mais como a harmonia que, originaria-

---

59. Cf. Giorgio Agamben, *op. cit.*, pp. 799 e ss. Agamben conclui, retomando os conceitos de *Origem* e de *Ideia* da "Vorrede": "En tant qu'origine, la langue des noms n'est donc pas un point chronologique initial, de même que la fin messianique des langues, la langue universelle, n'est pas une simple cessation chronologique. Ensemble, elles constituent les deux faces de l'idée de langue, que l'essai de 1916 sur la langue et celui de 1921 sur la tâche du traducteur nous présentaient séparément" ("Catégories historiques et Catégories linguistiques...", p. 805). Esta conclusão, muito esclarecedora, orientou, em grande parte, nossa leitura desses dois textos.

mente, se deixava perceber a partir de todas línguas faladas, uma harmonia de uma violência linguística muito maior do que aquela que teria possuído qualquer língua particular[60].

Apesar das dificuldades, em particular sintáticas deste fragmento, a tese de Benjamin é clara: a verdadeira língua dos místicos não significa tanto uma língua única que deveria ter sido falada num não se sabe qual tempo de antes da história dos homens; a verdadeira língua diz muito mais a unidade da compreensão humana, a convergência, progressivamente perdida, entre todas línguas diversas e múltiplas da humanidade. Neste sentido, Babel significa a "queda" da linguagem humana não na multiplicidade, positiva e essencial, mas, sim, na discórdia: não é a transformação de uma língua única em multiplicidade linguística que marca o fim da linguagem verdadeira, mas a transformação da diversidade concordante e harmoniosa das diferentes línguas em uma pluralidade discordante e incompreensível. Não se trata, portanto, nem de abolir as diferenças – nem os diferentes! – nem de voltar a uma pretensa unidade de antes do múltiplo; trata-se de reconstruir uma multiplicidade amigável e generosa. Retomando a metáfora bíblica, a figura invertida e redentora de Babel não seria então uma volta a um Éden da única língua adâmica, mas sim a multiplicação e a compreensão integral de todas as línguas em Pentecostes. Tomo esta interpretação de Pentecostes de Franz Rosenzweig[61] que, de maneira muito próxima da de Benjamin, ressalta várias vezes a visada salvadora da atividade de tradução[62]. Como Benjamin, Rosenzweig realça a neces-

60. Fim do fragmento "Sprache und Logik II", em *Ges. Sehr.* VI, pp. 24-25 (trad. J. M. G.).
61. Franz Rosenzweig, *Der Stern der Erlösung*, Frankfurt am Main, Suhrkamp, 1988, pp. 406-407.
62. Não é fácil estabelecer até que ponto Benjamin teria sido influenciado por Rosenzweig, em particular pela leitura da *Estrela da Redenção*. Stéphane Moses, especialista da obra de Rosenzweig, mostrou que essa leitura foi, sem dúvida, importante para Benjamin, mas que ela deixou poucos rastros na obra deste último (Stéphane Moses, "Walter Benjamin und Franz Rosenzweig", em *Deutsche Vierteljahre, Zeitschrift für Literaturwissenschaft und Geistesgeschichte*, Heft 4, dez. 1982, pp. 623 e ss.). Da visita de Benjamin a Rosenzweig, já muito doente, em dezembro de 1922 (cf. Stéphane Moses, *op. cit.*, p. 625), não podemos deduzir com certeza que o tema da tradução foi evocado. Apesar das diferenças de pensamento, ressaltadas por Mosès, as semelhanças entre o ensaio de Rosenzweig sobre a tradução, escrito em 1922/23, "Nachwort zu den Hymnen und Gedichten des Jehuda Halevi" ("Posfácio aos Hinos e Poemas de Jehuda Halevi") (em *Die Schrift – A Escrita –*, Königstein, Athenäum Verlag, 1976, ensaios escolhidos e apresentados por Karl Thieme), e o ensaio de 1921 de Benjamin chamam a atenção: mesma ênfase dada ao peso da língua estrangeira na do tradutor, mesma visada de uma língua única e última. À diferença de Benjamin, Rosenzweig fala, neste "Posfácio", de uma tarefa do traduzir (*des Überselens*), mas o termo *Aufgabe* é o mesmo. Reciprocamente, poder-se-ia perguntar se a autocrítica de Benjamin à sua tradução de *Flores do Mal*, isto é, sua ingenuidade em relação ao problema da métrica (carta a Hofmannsthal do 13 de janeiro de 1924, *Briefe*, p. 330), não seria um eco das reflexões muito mais precisas de Rosenzweig a este respeito ("Nachwort...", pp. 88 e ss.). No seu mais recente livro. *L'ange de l'histoire* (Seuil, 1992), Stéphane Mosès aprofunda nu-

sidade de dobrar, mesmo violentamente, a língua do tradutor segundo a ordem do original estrangeiro; se a tradução expõe e desdobra a alteridade, ela repousa, porém, no fundamento da unidade linguística das línguas e no motivo redentor de uma compreensão integral entre os homens:

> Nesta unidade essencial de toda língua e no mandamento nela baseado da compreensão universal entre os homens, nisto se fundamenta a possibilidade como também a tarefa do traduzir, que se possa, que se tenha o direito e o dever de traduzir. Pode-se traduzir, porque em cada língua cada uma das outras está contida no modo da possibilidade; tem-se o direito de traduzir quando se consegue realizar esta possibilidade pela cultura desta terra linguística não cultivada; e tem-se o dever de traduzir para que venha o dia desta concordância das línguas que só pode crescer em cada língua particular, não no espaço vazio "entre" elas[63].

Esta teoria integral da tradução e da tradutibilidade, teoria já presente nos primeiros românticos alemães, assume portanto em Benjamin, como em Rosenzweig, os traços de uma filosofia da história e de uma teoria da salvação. Porém, não se pode tratar de uma teodiceia que quisesse justificar o caminhar da história pela presença de um sentido transcendente, supra-histórico. Temos aqui muito mais a figura paradoxal de uma esperança teológica que só pode se cumprir na sua resolução totalmente profana: a língua da humanidade redimida não significa uma volta à língua, única e sagrada, de um paraíso perdido, mas, pelo contrário, a exposição integral da multiplicidade das línguas humanas históricas e imperfeitas. A compreensão universal entre as línguas, aquilo que Benjamin também chama de "prosa liberada"[64], só poderá nascer do desdobramento radical desta diversidade. Possibilidade esta ao mesmo tempo essencial e precária, pois, se ela é, realmente, a única figura da salvação, não pode, sem se destruir a si mesma como possibilidade, pretender ser garantia da salvação. O ensaio de 1923 que passa de uma teoria tradicional da tradução, como passagem do original à língua do tradutor, que passa desta teoria à ideia de uma tradução generalizada, à ideia de transformabilidade de todas as línguas entre si, contém implicitamente este risco. Com efeito, este jogo de reciprocidade regrada acaba por tornar inútil a figura do original e, ao mesmo tempo, a ideia de um referente primeiro e estável. Este abalo da definição referencial da significação, já presente num Novalis, será

---

merosas similitudes entre as concepções paralelas do tempo e da história em Rosenz--weig e em Benjamin. A este respeito, cf. também Ulrich Hortian, "Zeit und Geschichte bei Franz Rosenzweig und Walter Benjamin", em *Der Philosoph Franz Rosenzweig*, atas do colóquio internacional de Kassel, editadas por W. Schmied-Kowarzik, München, 2 vols., pp. 815 e ss.
    63. Franz Rosenzweig, "Nachwort...", p. 84 (trad. J. M. G.).
    64. W. Benjamin, *Ges. Sehr.* 1-3, p. 1235. Cf. Giorgio Agamben, "Catégories historiques et catégories linguistiques...", pp. 793-794 e 805-807.

descrito várias vezes na obra de Benjamin, em particular na sua doutrina da alegoria e no ensaio sobre a reprodutibilidade das obras de arte. Abalo característico da nossa modernidade, talvez até da nossa "pós-modernidade", que pode levar à perda de todo sentido comum, à decomposição última das nossas frágeis linguagens, à vitória da manipulação e da violência. Contra o pessimismo de Adorno (e, *a fortiori*, contra certas maldições habermasianas), Benjamin sempre insistirá, porém, nas perspectivas salvadoras que esta crise da tradição pode também oferecer à ação histórica dos homens. E isso não por causa de um otimismo saudável, pretensamente de esquerda, ou de uma confiança ingênua na técnica, como foi várias vezes dito e criticado. Mas porque, através desse desmoronar da identidade da linguagem, da história e do sujeito, poderia, talvez, enfim passar o sopro de uma palavra inteiramente redimida, que atravessa todas as línguas e pulveriza o peso do sentido, esta consumação silenciosa de todas as palavras humanas que Hölderlin, na sua "loucura", teria ouvido, e que seria sua tradutibilidade integral.

2. Alegoria, Morte, Modernidade

Se o "Prefácio" do livro sobre o barroco define a origem pela tensão entre destruição crítica e promessa de Redenção e inscreve esta dialética no próprio coração da história, as páginas seguintes desta obra oferecem na sua beleza, na sua erudição, mas também na sua pesada e difícil exposição, como o emblema desta confrontação. Tanto o contraste entre *Tragödie* (tragédia) e *Trauerspiel* (drama barroco) (primeira parte) quanto aquele entre símbolo e alegoria (segunda parte) ressaltam a necessidade de reabilitar uma visão devastadora do tempo e da história – em oposição ao cumprimento do tempo trágico e mítico – e do sentido da linguagem – em oposição à sua plenitude no símbolo. Neste capítulo, nos propomos estudar mais especificamente a doutrina benjaminiana da alegoria e suas implicações para suas análises posteriores da modernidade, particularmente seus escritos sobre Baudelaire. Com efeito, lemos a reabilitação da alegoria, tal como Benjamin a empreende, como uma reabilitação da temporalidade e da historicidade em oposição ao ideal de eternidade que o símbolo encarna. Esta valorização nos parece essencial para poder romper com as interpretações antes de tudo restauradoras ou nostálgicas do pensamento de Benjamin. Ela permite igualmente estabelecer uma articulação entre seus textos exclusivamente filosóficos sobre a linguagem ou sobre a história e seus escritos de crítica literária e jornalística.

Na tradição filosófica clássica, a alegoria sempre foi depreciada pela sua historicidade e pela sua arbitrariedade. Como bem o mostrou

Peter Szondi[1], a interpretação alegórica nasce da distância histórica que separa os leitores do texto literal. Os gregos posteriores a Homero, por exemplo, se conseguem entender as palavras da epopeia, não podem mais, porém, admitir seu sentido. A interpretação alegórica nasce do escândalo que representa o texto literal para a razão filosófica que se estabelece, em Xenófanes como em Platão, como juiz da verdade da poesia. A escola cínica, e depois a estoica vão tentar reconciliar a exigência da razão com o respeito devido a Homero, educador da Grécia: inaugurando o gesto da hermenêutica moderna (em particular desde Schleiermacher), elas vão deslocar a responsabilidade de determinar o sentido certo: daqui em diante, esta caberá à leitura, não mais à escrita. Não é Homero que se engana, mas uma leitura ingênua, imediata, do texto homérico. O sentido literal não é o sentido verdadeiro. Deve-se aprender uma outra leitura que busque sob as palavras do discurso seu verdadeiro pensamento, uma prática que os estoicos chamam de *hyponoia* (subpensamento) e à qual Filo de Alexandria dará seu nome definitivo de alegoria (de *alio*, outro e *agorein*, dizer).

A tradição cristã retomará este gesto interpretativo alegórico que, paradoxalmente, conserva a verdade do texto pela abolição de seu sentido primeiro e literal: por exemplo na exegese alegorizante do *Cântico dos Cânticos*, texto dos mais indecorosos. Orígenes dá um fundamento ético e especulativo a esta prática, ao estabelecer um paralelo entre os diversos níveis de leitura, literal, moral e alegórico ou místico, e os níveis de perfeição moral[2]. O leitor mais tosco só será capaz da primeira leitura, um leitor mais prevenido chegará à segunda, enquanto a terceira só será acessível aos leitores cuja perfeição espiritual saberá descobrir o sentido escondido sob o véu das palavras. Para justificar esta tripartição do sentido, Orígenes recorre a uma outra metáfora: o sentido literal corresponde ao corpo, o sentido moral à alma e o sentido místico ao espírito da escrita, pois esta se compõe dos mesmos elementos que o ser humano: corpo, alma e espírito. Esta tripartição não é nova: encontramo-la em Platão na descrição do amor (*Fedro*, 253 c-e) e na organização da cidade perfeita (*República*, 435 b-c). O novo é sua aplicação ao sentido mesmo do texto sagrado. A bem dizer, uma interpretação alegórica da Sagrada Escritura já se encontrava nos Evangelistas e nos Apóstolos na sua compreensão do *Antigo Testamento*[3]: desde os inícios do cristianismo, o *Antigo Testamento* aparece como um discurso premonitório do *Novo*, do advento messiânico. Não são somente os Profetas que anunciam o Cristo, mas sim o texto inteiro do *Antigo Testamento*, a história da Antiga Aliança entre Deus e Israel prefigurando a Nova

---

1. Cf. Peter Szondi, *Einführung in die literarische Hermeneutik*, Frankfurt am Main, Suhrkamp, 1975, pp. 15 e ss.
2. Orígenes, *Peri archôn*, citado por Szondi, *op. cit.*, p. 20.
3. Szondi, *op. cit.*, pp. 17-19.

Aliança realizada em Cristo. A alegoria ocupa, portanto, um lugar privilegiado na religião cristã: ela não é somente uma forma de interpretação, ela determina a compreensão da História da Salvação. Ao mesmo tempo, a hierarquia estabelecida por Orígenes entre os três níveis de sentido também servirá de regra para a organização eclesial, como, aliás, era regra da organização da cidade em Platão: há aqueles que conhecem a verdadeira leitura, aqueles que foram iniciados ao sentido verdadeiro e que deverão, portanto, guiar e dirigir os que não conhecem, os que ficam só no sentido literal, ou então moral da Escritura. O protesto luterano contra a estrutura de poder da Igreja Católica terá, consequentemente, uma dupla intenção: Lutero critica a hierarquia eclesiástica e a hierarquia dogmática que regulamentam a vida da fé. O famoso *Schriftprinzip* luterano estabelece a autoridade da Escritura em matéria de fé e a imediaticidade da relação crente-Deus. O crente não precisará mais passar pela palavra mediadora do sacerdote para chegar à Palavra de Deus. Lutero vai, portanto, engajar-se deliberadamente ao lado do estudo *do sensus litteralis* contra o *sensus allegoricus*, como o testemunha sua tradução da Bíblia.

Assim tem início, com o triunfo do Renascimento, depois da Reforma, uma "volta ao(s) texto(s)", que perdura até hoje e desloca a interpretação alegórica do seu lugar primeiro. Desenvolve-se uma nova ciência do histórico que procura, antes de tudo, a fidelidade aos documentos do passado e que deseja conservar sua identidade, mesmo que isso só fosse possível graças à tradução de uma palavra antiga por uma nova; esta nova ciência histórica não procura mais buscar, sob a frase singular, um núcleo de sentido eterno cujas formas de manifestação, e só elas, mudariam. Aos olhos deste novo pensamento científico, a interpretação alegórica não oferece nenhum fundamento seguro: nascida da necessidade de conciliar o teor do texto canônico com as exigências da razão e da moral, a interpretação alegórica pode mesmo construir uma ligação entre o sentido e a imagem; mas ela se mostra incapaz de estabelecer a necessidade desta ligação. Por que ilustrar a união das forças vitais contrárias por aquela de Afrodite e de Áries, união adúltera, além do mais, e não por uma outra imagem? Ou, então, o amor da alma e de Cristo pelo amor de Salomão e de sua amiga, de pele escura ainda por cima? E nesta arbitrariedade da relação significante-significado que vai esbarrar a crítica moderna da alegoria, uma arbitrariedade que tem seu fundamento no hiato entre sagrado e profano.

A problemática estética moderna desloca e, ao mesmo tempo, mantém esta oposição quando tenta definir o que faz a propriedade do sentido próprio e a figuralidade do figurado. Dentro deste último a distinção entre símbolo e alegoria, tal como a desenvolvem Karl Philipp Moritz, depois sobretudo Goethe e, enfim, o romantismo alemão[4], é a tradução em termos de retórica de um debate "logoteocêntrico": a imediaticidade do símbolo corresponde a uma feliz evidência do sentido, revelação da transcendência na nossa linguagem humana, graças à inspiração do poeta; o peso e o arbítrio da alegoria só fazem ressaltar a deficiência desta linguagem na qual o sentido verdadeiro nunca é alcançado. O esforço humano de dizer um sentido deixa na alegoria rastros visíveis demais para que possamos nos quedar maravilhados como frente à plenitude espontânea do símbolo. Goethe denuncia este peso do processo significante na sua famosa condenação do poeta alegorizante:

> É uma grande diferença se o poeta procura o particular em vista do geral ou se ele enxerga o geral no particular. Daquela maneira nasce a alegoria, na qual o particular só vale como exemplo do geral; mas a última é realmente a natureza da poesia: ela exprime um particular sem pensar no geral nem se referir a ele. Quem agarra este particular de maneira viva obtém ao mesmo tempo o geral, junto, sem disso se dar conta ou só posteriormente[5].

Intervém aqui a imagem romântica do poeta como criador inspirado que diz a verdade "sem pensar no geral nem se referir a ele", cujo trabalho criador consiste em atingir cada vez mais a espontaneidade do *Genius*, genial espontaneidade na qual poeta e leitor, "que obtêm ao mesmo tempo o geral sem disso se dar conta", comunicam-se na imediaticidade. Assim, o sentido geral e mais amplo vai *revelar-se* na beleza do símbolo, enquanto, ainda segundo Goethe, ele é *construído* a duras penas na alegoria (a oposição é tanto mais categórica quanto Goethe se coloca ao lado do símbolo para rejeitar Schiller para o lado do alegórico!). Todos os contemporâneos de Goethe, Heinrich Meyer, Friedrich Ast, Wilhelm von Humboldt, por exemplo, vão concordar a respeito dessa distinção fundamental entre símbolo e alegoria: "O símbolo é, a alegoria significa; o primeiro faz fundir-se significante e significado, a segunda os separa"[6].

Esta feliz coincidência entre significante e significado no símbolo repercute na sua estrutura temporal. Friedrich Creuzer, na sua obra *Simbólica e Mitologia dos Povos Antigos*, que Benjamin cita longamente[7], ressalta o caráter instantâneo do símbolo e sucessivo da alegoria. Inspirando-se na *História da Arte dos Antigos* de Winckelmann, uma obra que influencia toda a geração romântica, Creuzer vê na estatuária grega clássica o exemplo mais acabado daquilo que

---

4. Cf. a este respeito Tzvetan Todorov, *Théories du Symbole*, Paris, Seuil, 1977, em particular o capítulo 6.
5. J. W. Goethe, *Schriften zur Literatur*, Jubiläum Ausgabe, vol. 38, p. 261. Citado por Todorov, *op. cit.*, pp. 240-241 e por W. Benjamin, "Ursprung des deutschen Trauerspiels", p. 338, trad. bras., p. 183.
6. Todorov, *op. cit.*, p. 251.
7. *Symbolik und Mythologie der alten Völker*, 1810.

ele chama "o símbolo plástico". O símbolo é, ao mesmo tempo, instantâneo e eterno nesta instantaneidade, enquanto a alegoria – pensemos por exemplo na *Melancolia* de Dürer – continua tributária de um desenvolvimento no tempo que afeta tanto sua construção quanto sua compreensão e acarreta seu envelhecimento histórico:

> Esta [a apresentação alegórica] significa apenas um conceito geral ou uma ideia, que dela permanece distinta; essa [a apresentação simbólica] é a ideia mesma, tornada sensível, corpórea [...] Ali – no símbolo – existe uma totalidade momentânea; aqui há uma progressão numa sequência de momentos[8].

As reflexões de Creuzer sobre a estrutura temporal do símbolo e da alegoria influenciarão profundamente Benjamin. Elas manifestam com acuidade que os juízos sobre o valor estético destas figuras não remetem meramente a uma preferência de gosto, porém, mais profundamente, a uma apreciação do valor do tempo e da história. Por conseguinte, a reabilitação da alegoria por Benjamin será uma reabilitação da história, da temporalidade e da morte na descrição da linguagem humana. Mas, antes de nos consagrarmos a este ponto, deve ser prevenido o seguinte mal-entendido: se Benjamin restabelece nos seus direitos legítimos a figura depreciada da alegoria, não a defende como a única forma possível de expressão da modernidade. Tampouco recusa o símbolo enquanto tal, mas condena unicamente sua redução à simples relação entre aparência e essência; ele quer salvar, ao contrário, "o paradoxo do símbolo teológico", "a unidade do objeto sensível e suprassensível"[9]. Benjamin alude aqui à teoria estética de Goethe para quem a beleza da obra de arte remete, em última instância, à harmonia orgânica da natureza. Esta visão "mítica"[10] da obra de arte, da linguagem poética e da tarefa do poeta, visão já criticada no "Prefácio", com respeito ao conceito goetheano de *Urphänomen*, deve ser substituída por uma compreensão resolutamente histórica e teológica. Se o símbolo lembra a harmonia de uma natureza redimida, ele resplandece só durante o tempo de um relâmpago, "ele é como um relâmpago que subitamente ilumina a noite escura" diz Benjamin, ao citar Creuzer[11]. Duplo fulgor no

---

8. Creuzer, *op. cit.*, vol. I, pp. 70-71. Citado por Benjamin, *op. cit.*, p. 341 (trad. bras., modificada pp. 186-187) e por Todorov, *op. cit.*, p. 255.
9. "Ursprung"..., p. 336. Trad. bras., p. 182. A esse respeito cf. as excelentes observações de "Anna Stüssi", *Erinnerung an die Zukunft, Walter Benjamins "Berliner Kindheit" um Neunzelinhundert*, Göttingen, Vanderhoeck & Ruprecht, 1977, pp. 201-202.
10. O ensaio inteiro de Walter Benjamin sobre as *Afinidades Eletivas* de Goethe repousa nesta problemática ("Goethes Wahlverwandtschaften", *Ges. Sehr.* 1-1, pp. 123-201). A esse respeito, cf. Uwe Steiner, *Die Geburt der Kritik aus dem Geisleder Kunst*, Königshausen & Neumann, Würzburg, 1989, em particular a terceira parte, pp. 282 e ss.
11. "Ursprung"..., p. 340. Trad. bras., p. 185.

tempo, mas também na compreensão: o símbolo ilumina como o raio. Algumas linhas mais abaixo, Benjamin observa que esta iluminação remete à temporalidade mística da epifania: "A medida temporal da experiência simbólica é o instante místico, no qual o símbolo recebe o sentido em seu interior oculto e, se se pode falar assim, espesso como uma floresta"[12]. Como sabem todos os leitores das teses "Sobre o Conceito de História" ou ainda do ensaio sobre "O Surrealismo", estas comparações pertencem ao repertório de imagens privilegiadas do autor: iluminação, relâmpago e tempo de um relâmpago, instante, aparição repentina, surgir, todas estas expressões descrevem não só a ruptura provocada pela vanguarda estética, mas também a urgência da ação histórica revolucionária. Isto assinala o quanto o êxito da operação simbólica, que interrompe a cronologia e retém o tempo na beleza da imagem, é essencial para a filosofia da história e da linguagem em Benjamin. Voltaremos a isto.

Lembrávamos que a alegoria tinha sempre sido criticada em razão da sua historicidade e do seu caráter arbitrário. Com efeito, estas duas propriedades constituem, segundo Benjamin, sua especificidade, mas também explicam sua grandeza, sob a condição de que se abandone uma definição exclusiva da arte como ideal de beleza e de reconciliação. A doutrina benjaminiana da alegoria está, neste sentido, muito próxima das considerações de Hegel a respeito da arte romântica cristã, superior espiritualmente ao ideal clássico da "bela aparência do espírito na sua forma imediata [...] sensível", uma arte que se abre para a negatividade e para a morte e que quer "absorver" a "existência real na sua deficiência de existência finita"[13]. Não é preciso dizer que esta doutrina será absolutamente essencial para a elaboração da estética de Adorno que, já em 1932, dava um seminário sobre a *Origem do Drama Barroco Alemão* na Universidade de Frankfurt[14].

A idade barroca, na sua contradição exacerbada entre ideal religioso e realidade política (é a idade das sangrentas guerras de reli-

12. "Ursprung"..., p. 342. Trad. bras., p. 187.
13. G. W. Hegel, *Ästhetik*, Berlim e Weimar, Aufbau-Verlag, 1965, 2 vols., pp. 499 e 507 (trad. J. M. G.).
14. Esta "influência", hoje geralmente aceita, não ajudou a tornar mais simples as relações entre os dois autores-amigos-rivais. Lembremos que o professor de estética responsável pelo fracasso da carreira acadêmica de Benjamin – ou, pelo menos, o que o "desaconselhou" a apresentar o "Ursprung"... como tese de livre-docência – era Hans Cornelius, que devia, mais tarde, ser o orientador de doutorado de Adorno. Em 1925 seu assistente era Max Horkheimer, que também achou o texto de Benjamin incompreensível e, portanto, inapresentável como tese de livre-docência. A esse respeito, cf. as notas da edição crítica de Benjamin, *Ges. Sehr.* 1-3, p. 900; cf. também os documentos publicados por Burkhard! Lindner, "Habilitationsakte Benjamin", em *Walter Benjamin im Kontext*, B. Lindner ed., Frankfurt am Main; Athenäum Taschenbücher, 1978, pp. 324 e ss.; cf. igualmente a recente bibliografia de Momme Brodersen, *Spinne im eigenen Netz, Walter Benjamin, Leben und Werk*, Elster Verlag, 1990, em particular as pp. 161 e ss.

gião), expõe aos olhos dos contemporâneos visões de horror tais que proíbem ao poeta a busca serena de uma harmonia supratemporal[15]. No teatro barroco, a história humana e violenta entra literalmente no palco, tendo ainda, sem dúvida, como fundo uma história da salvação, uma teologia da Queda e da Redenção. Mas as certezas religiosas e teológicas são submetidas à prova de uma realidade tão cruel que vacilam. É o choque entre o desejo de eternidade e a consciência aguda da precariedade do mundo que, segundo Benjamin, está na fonte da inspiração alegórica: "A alegoria se instala mais duravelmente onde o efêmero e o eterno coexistem mais intimamente"[16]. Por isso ela floresce na idade barroca, dilacerada entre os dogmas da fé cristã e a cruel imanência do político, por isso também voltará num Baudelaire, dividido entre a visão de uma "vida anterior" harmoniosa e a de uma modernidade autodevoradora. Benjamin analisa com acuidade esta tensão entre o apego do barroco pela tradição religiosa e a emancipação crescente da história humana, na sua contingência e na sua crueldade, em relação ao quadro teológico herdado da Idade Média: o poeta barroco não consegue mais distinguir nenhum desígnio divino no caos do mundo e, à beira do abismo do desespero, se reequilibra pela confissão, interpretando a vertigem que o submerge como uma espécie de prova *ex negativo* da insuficiência da razão e da necessidade da fé. A alegoria é a figura privilegiada deste movimento de redemoinho que, no fim, vai até destruir-se a si mesmo ou, então, salvar-se, pela traição de sua mais profunda tendência:

> Como corpos que caem e dão uma reviravolta sobre si mesmos, assim a intenção alegórica se perderia, de comparação em comparação, na vertigem de suas profundezas abissais, se não precisasse, justamente na mais extrema dessas comparações, dar um salto tal sobre elas que toda sua escuridão, vanglória e distância de Deus apareçam como nada mais que um autoengano [...]. A confusão inconsolável do Golgotha que pode ser lida como esquema das figuras alegóricas em milhares de gravuras e descrições da época, não é apenas uma imagem da desolação de toda existência humana. A transitoriedade não é apenas significada, representada alegoricamente como ela mesma significante, oferecida como alegoria. Como a alegoria da ressurreição [...]. É justamente essa a essência da imersão alegórica: seus últimos objetos, nos quais ela acredita se assegurar mais fortemente daquilo que é rejeitado, se transformam em alegorias de tal maneira que preenchem e negam o nada, em que eles se apresentam, como também a intenção, em vez de manter-se fiel à contemplação da ossada, passa, infiel, para o lado da ressurreição[17].

---

15. A esse respeito cf. as pesquisas do professor de literatura alemã Klaus Garber, especialista do barroco alemão e de W. Benjamin, notadamente *Rezeption und Rettung*, Tübingen, Niemeyer, 1987, capítulo II.
16. "Ursprung"..., p. 397. Trad. bras., p. 247.
17. "Ursprung"..., pp. 405-406. Trad. bras., (muito modificada!) pp. 254-255.

Esta longa citação, tirada das últimas páginas da obra, nos introduz à dialética fatal da alegoria que não deixa de lembrar a do cortesão intrigante, personagem onipresente do drama barroco: infiel a todos os sentidos que ela cria um depois do outro, a alegoria corre o risco de trair-se a si mesma e de não conseguir significar mais nada, fora sua própria ruína. Ela é o exemplo extremo desta *sobredenominação* (*Ueberbenenung*), da qual falava o ensaio de 1916, que afeta as línguas humanas de depois da Queda: obrigadas a significar, obrigadas a transmitir um sentido, as palavras terminam por não dizer mais nada numa espécie de tagarelice (*Geschwätz*) necessária e perversa[18]. Todo estilo excessivo, inchado, sobrecarregado, enfim... barroco destes dramas testemunha com ostentação esta busca incessante e irrisória da significação. Mas, por isso mesmo, a alegoria diz também a verdade e a produtividade destas línguas históricas que são as nossas. Se o símbolo, na sua plenitude imediata, indica a utopia de uma evidência do sentido, a alegoria extrai sua vida do abismo entre expressão e significação. Ela não tenta fazer desaparecer a falta de imediaticidade do conhecimento humano, mas se aprofunda ao cavar esta falta, ao tirar daí imagens sempre renovadas, pois nunca acabadas. Enquanto o símbolo aponta para a eternidade da beleza, a alegoria ressalta a impossibilidade de um sentido eterno e a necessidade de perseverar na temporalidade e na historicidade para construir significações transitórias. Enquanto o símbolo, como seu nome indica, tende à unidade do ser e da palavra, a alegoria insiste na sua não-identidade essencial, porque a linguagem sempre diz outra coisa (*allo-agorein*) que aquilo que visava, porque ela nasce e renasce somente dessa fuga perpétua de um sentido último. A linguagem alegórica extrai sua profusão de duas fontes que se juntam num mesmo rio de imagens: da tristeza, do *luto* provocado pela ausência de um referente último; da liberdade lúdica, do *jogo* que tal ausência acarreta para quem ousa inventar novas leis transitórias e novos sentidos efêmeros.

Luto e *jogo*, a alegoria desvela assim a dialética imanente ao *Trauerspiel* e, igualmente, a que rege nossa modernidade, dividida entre a nostalgia de certezas desaparecidas e a leveza trágica do herói nietzschiano[19]. Por certo, na idade barroca e até em Baudelaire,

---

18. Cf. *Über Sprache überhaupt...*, p. 153: "Das Wort soll *etwas* bedeuten (ausser sich seilst). Das ist wirklich der Sündenfall des Sprachgeistes" ("A palavra deve significar *algo* [fora a si mesma]. É realmente o pecado original do espírito da linguagem") (trad. J. M. G.).

19. Não podemos deixar de citar aqui os dois textos seguintes, escritos em contextos ao mesmo tempo diferentes e bastante próximos das preocupações de Benjamin "Tournée vers la présence, perdue ou impossible, de l'origine absente, cette thématique structuraliste de l'immédiateté rompue est donc la face triste, *négative*, nostalgique, coupable, rousseauiste, de la pensée du jeu dont *l'affirmation* nietzschéenne, l'affirmation joyeuse du jeu du monde et de l'innocence du devenir, l'affirmation d'un monde de signes sans faute, sans vérité, sans origine, offert à une interprétation active, serait l'autre face" (Jacques Derrida, *L'écriture et la différence*, Paris, Seuil, 1967, p. 427; trad. bras., *A Escritura e a Diferença*, São Paulo, Perspectiva, 1971) e "L'accent peut être mis sur

mesmo o jogo está impregnado de melancolia, possuído pela perda de uma regra definitiva. Isto não impede que sua produtividade abundante nasça desta perda e do reconhecimento desta perda. E na historicidade e na caducidade das nossas palavras e das nossas imagens que a criação alegórica tem suas raízes. A alegoria nos revela, e nisto consiste sua verdade, que o sentido não nasce somente da vida, mas que "significação e morte amadurecem juntas", como afirma Benjamin numa página decisiva[20]. O sábio melancólico do barroco pode *grübeln*[21] (sonhar, ruminar, matutar) sem fim, pois não há fim à sua meditação, pois similitudes e comparações podem se estabelecer entre todos os seres, visto que um sentido único não pode ser encontrado. Somente a morte põe um fim a este jogo arbitrário como indica, aliás, a proximidade do verbo *grübeln* com *graben*, "cavar" e *Grab*, "túmulo". A alegoria cava um túmulo tríplice: o do sujeito clássico que podia ainda afirmar uma identidade coerente de si mesmo, e que, agora, vacila e se desfaz; o dos objetos que não são mais os depositários da estabilidade, mas se decompõem em fragmentos; enfim, o do processo mesmo de significação, pois o sentido surge da corrosão dos laços vivos e materiais entre as coisas, transformando os seres vivos em cadáveres ou em esqueletos, as coisas em escombros e os edifícios em ruínas.

É esta morte do sujeito clássico e esta desintegração dos objetos que explicam o ressurgimento da forma alegórica num autor moderno como Baudelaire. Benjamin vê no capitalismo moderno o cumprimento desta destruição. Não há mais sujeito soberano num mundo onde as leis do mercado regem a vida de cada um, mesmo daquele que parecia poder-lhes escapar: do poeta. Baudelaire reconhece que não pode mais ser o poeta independente, voz lírica cantando num mundo que o respeita na sua divina inspiração. É o famoso motivo da perda de auréola do "Spleen de Paris"[22], um motivo retomado por Benjamin na sua teoria da perda da aura. A grandeza de Baudelaire consiste, segundo Benjamin, em ter tematizado esta transformação em mercadoria de todo objeto, inclusive da poesia, dentro do próprio poema. Nisso reside a fonte de sua intenção alegórica: "A visão alegórica está sempre se baseando na desvalorização do mundo aparente. A desvalorização específica do mundo dos objetos, que representa a

l'impuissance de la faculté de présentation, sur la nostalgie de la présence qu'éprouve le sujet humain, sur l'obscure e vaine volonté qui l'anime malgré tout. L'accent peut être plutôt placé sur la puissance de la faculté de concevoir [...], sur l'accroissement d'être et de jubilation qui résultent de l'invention de nouvelles règles du jeu, pictural ou artistique, ou tout autre" (J. F. Lyotard, *Le postmoderne expliqué aux enfants*, Paris, Galilée, 1986, p. 30).

20. "Ursprung"..., p. 343. Trad. bras., p. 188.
21. Sobre o sábio melancólico como *Grübler*, cf. "Ursprung"..., pp. 352 e 370; trad. bras., pp. 198 e 217.
22. Charles Baudelaire, "Le Spleen de Paris", *Oeuvres Complètes*, Pleiade, 1961, p. 298.

mercadoria, é o fundamento da intenção alegórica em Baudelaire"[23]. Obrigado a vender seus poemas como uma mercadoria qualquer, Baudelaire, porém, se recusa a ser somente um produtor de mercadorias e reivindica uma dignidade "numa sociedade que não tinha mais nenhuma dignidade de qualquer espécie a conceder"[24]. Esta mistura de sublime e de venalidade acarreta uma desintegração da subjetividade poética que a bufonaria e o dandismo baudelairianos se encarregam de estilizar.

Voltemos, contudo, ao início deste processo, à dissolução do sujeito barroco. Paradoxalmente, esta morte do sujeito clássico e esta decomposição da significação transformar-se-ão na sua onipotência arbitrária. Como não há mais sentido próprio, sempre surgem novos sentidos, há sentidos demais, o alegorista melancólico inventa cada vez mais sentidos, acrescenta-os segundo seu bel-prazer-ou segundo a morte. Nas suas mãos, os objetos perdem sua densidade costumeira e se dispersam numa multiplicidade semântica infinita. Onipotência e arbitrariedade caracterizam o poder do tirano e do alegorista, poder tanto mais violento quanto não repousa sobre nenhuma certeza estável. Num contexto determinado, a alegoria pode, sim, remeter a uma significação precisa entre outras; enquanto signo, ela remete a todas as significações possíveis, portanto a nenhuma. O conhecimento alegórico é tomado pela vertigem: não há mais ponto fixo, nem no objeto nem no sujeito da interpretação alegórica, que garanta a verdade do conhecimento. Este caráter arbitrário que, como vimos, sempre foi uma das principais críticas feitas à alegoria, explica seu parentesco com a escrita, aliás uma similitude ressaltada por numerosos autores:

> Se o objeto se torna alegórico sob o olhar da melancolia, ela o priva de sua vida, a coisa jaz como se estivesse morta, mas segura por toda a eternidade, entregue incondicionalmente ao alegorista, exposta à sua graça ou à sua desgraça. Vale dizer, o objeto é incapaz, a partir desse momento, de ter uma significação, de irradiar um sentido; ele só dispõe da significação que lhe foi atribuída pelo alegorista. Este a coloca dentro dele e chega até seu fundo: isto não é uma realidade psicológica, mas sim ontológica. Em suas mãos, a coisa se transforma em algo de diferente, através dela o alegorista fala de algo diferente, ela se converte na chave do domínio de um saber oculto e, como emblema desse saber, ele a venera. Nisso reside o caráter escritural da alegoria[25].

O parentesco da alegoria com a escrita era um dos argumentos preferidos usados por seus detratores para condená-la. Benjamin cita

---

23. W. Benjamin, *Ges. Sehr.* 1-3, p. 1151 ("Notas sobre Baudelaire"); trad. J. M. G.
24. W. Benjamin, "Zentralpark" em *Ges. Sehr.* 1-2, p. 665. Trad. bras., Flávio René Kothe, em *Walter Benjamin*, Ática, Col. Grandes Cientistas Sociais, n. 50, "Parque Central", pp. 123-152 (citação p. 130).
25. "Ursprung"..., p. 359. Trad. bras., pp. 205-206.

numerosas páginas, de Goethe a Schopenhauer, que vão neste sentido. Em vez de contestar este parentesco, Benjamin o ressalta e vê nele uma característica essencial: como a escrita, a alegoria é, ao mesmo tempo, "convenção" e "expressão", não "convenção da expressão, mas expressão da convenção"[26]. Essa convenção, continua Benjamin, tem segundo o barroco uma origem sagrada e, neste sentido, toda escrita tende a ser hieroglífica. Porém, esta origem sagrada, este rastro da Escritura Sagrada em toda escrita, não é mais suficiente para torná-la transparente. Essas imagens escritas não são mais, como na Idade Média ou mesmo ainda no Renascimento, as assinaturas do grande desígnio divino expresso no livro da Natureza e comentado nos livros humanos[27]. São signos esparsos, restos de um texto escrito que foi destruído, ruínas de uma arquitetura finda. Escrita desconjuntada, ao mesmo tempo sagrada e incompreensível, de onde emergem figuras congeladas e fragmentárias: o sentido, os inúmeros sentidos que poderíamos aí decifrar, só pode ser arbitrário pois, mesmo se porventura encontrássemos o "verdadeiro" sentido, não conseguiríamos reconhecê-lo. Essa dinâmica vertiginosa é, isso deve ser ressaltado, diametralmente oposta à ideia de uma busca de um sentido originário, único e seguro: aqui também, a origem só se diz na sua perda, no movimento de afastamento de um suposto e improvável início, numa torrente de imagens a cuja fonte não podemos voltar. Por isso, o caráter arbitrário da escrita e da alegoria é primeiro, ou, melhor, escrita e alegoria somente são ditas "arbitrárias" para uma posição que mantém a afirmação da possibilidade de um saber necessário, transparente e imediato – cuja imagem seria o símbolo, imprescindível desvio metafórico para dizer esse não desvio! As descrições benjaminianas da escrita e da alegoria barrocas são, aqui, muito próximas das reflexões posteriores de Derrida, como foi notado por vários comentadores[28].

No contexto histórico e teológico da idade barroca as "antinomias da interpretação alegórica" (título desses desenvolvimentos) conduzem a uma atitude paradoxal de rejeição do mundo profano como desprovido de qualquer sentido e, ao mesmo tempo, de veneração a seu respeito, pois, na sua decrepitude, ele pode tudo significar, mesmo a mais elevada transcendência – um paradoxo que reencontraremos no ritmo de muitos poemas baudelairianos:

> Essa circunstância nos conduz às antinomias do alegórico [...]. Cada pessoa, cada coisa, cada relação pode significar qualquer outra. Essa possibilidade profere contra o mundo profano um veredicto devastador, mas justo: ele é visto como um mundo no qual o pormenor não tem importância. Mas

---

26. "Ursprung"..., p. 351. Trad. bras., p. 197.
27. Cf. Michel Foucault, *Les Mots et les choses*, Paris, Gallimard, 1966, pp. 40 e ss.
28. Cf. J. M. Gagnebin, *op. cit.*, pp. 125 e ss., Christine Buci-Glücksmann, *op. cit.*, pp. 87 e ss. e Bettine Menke, *op. cit.*, o livro inteiro.

ao mesmo tempo torna-se claro, sobretudo para quem está familiarizado com a exegese alegórica da escrita, que exatamente por apontarem para um outro, esses acessórios de significação são investidos de um poder que os faz aparecer como incomensuráveis aos objetos profanos, que os eleva a um plano mais alto, que pode até santificá-los. Na perspectiva alegórica, portanto, o mundo profano é ao mesmo tempo elevado e desvalorizado[29].

Com uma perspicácia tanto mais aguçada quanto notava nestas páginas preocupações contrárias às suas, Lukács é um dos primeiros a realçar que as antinomias da interpretação alegórica não caracterizam somente a visão barroca do mundo, mas também a visão moderna, em particular, segundo ele, "a visão do mundo subjacente à vanguarda literária"[30]. Neste contexto, a referência – negativa! – à obra de Kafka é tanto mais preciosa quanto, como veremos, nenhum outro escritor se confrontará, segundo Benjamin, com tanta lucidez, a esta "doença da tradição"[31] na qual se enraíza o florescer alegórico: isto é ao mesmo tempo um excesso de imagens e de signos legados pelas gerações anteriores e o deperecimento dos sentidos que os mantinha ligados num conjunto coerente. Sem dúvida, as descrições benjaminianas ressaltam o sentimento de desorientação, de falta, enfim de *melancolia* que este desmoronamento da tradição provoca: neste sentido, poderiam justificar as acusações de pessimismo lançadas por Lukács à "literatura de vanguarda" – sem prejulgar, evidentemente, o valor do otimismo! Mas a reflexão de Benjamin não ficou só numa celebração da melancolia. Se, como a alegoria o manifesta, o sentido da totalidade se perdeu, isto se deve também, e mais ainda, ao fato de sentido e história estarem intimamente ligados, ao fato, portanto, de que só há sentido na temporalidade e na caducidade. A ligação entre alegoria e tempo foi em geral experienciada – pelos mestres do barroco ou por um Baudelaire – como sofrimento, pois a temporalidade significaria a dolorosa resignação ao transitório e ao fugidio; Benjamin, por sua parte, também insiste na verdade desse trabalho incessante de *luto*. Como observa Bettine Menke[32], a argumentação benjaminiana não obedece à distinção freudiana entre luto e melancolia, pois esta última acaba adquirindo, em Benjamin, uma função paradigmática. Nestas análises, no entanto, a interpretação alegórica não é mera fruição melancólica que

---

29. "Ursprung"..., pp. 350-351. Trad. bras., pp. 196-97.
30. Título do ensaio de 1955 de G. Lukács em *Realismo Crítico Hoje*. Editora de Brasília, 1969, pp. 33 e ss. Este texto é muito esclarecedor quanto ao mal-estar do classicismo (e do marxismo!) a respeito da decomposição da linguagem e da apreensão do real tal como a exprime a alegoria. Para uma discussão mais recente das ligações entre alegoria e literatura moderna, cf. os trabalhos de Paul de Man e de Peter Bürger.
31. Cf. a famosa carta de Benjamin a Scholem a respeito de Kafka em 12.06.38, *Briefe*, p. 763. Cf. também o nosso capítulo 3.
32. Cf. Bettine Menke, *op. cit.*, p. 166 e o artigo de Anselm Haverkamp, citado por B. Menke, "Trauer jenseits der Melancholie – Archäologie des Lyrisch – Individuellen", em *Poetik und Hermeneutik*, n. 13, München, 1978.

só produz sofrimento e vaidade; ela também é desestruturação crítica e redentora, semelhante a este gesto de desmembramento salvador que o conceito impunha aos fenômenos (no "Prefácio") ou, então, a operação tradutora às línguas naturais (no ensaio sobre "A Tarefa do Tradutor"). A fragmentação do real manifestada pela alegoria também é a denúncia crítica da "falsa aparência de totalidade" de um mundo iluminado por uma lucidez divina:

> No campo da intenção alegórica, a imagem é fragmento, caráter rúnico. Sua beleza simbólica se evapora quando tocada pela luz do saber divino. A falsa aparência da totalidade se extingue. Pois o *eidos* se apaga, a comparação se dissolve, o cosmos no interior se resseca[33].

Estamos aqui muito longe de uma melancolia decadente, tal qual Lukács a denuncia, ou de uma gratuidade estetizante. Estamos aqui, de novo, no coração de uma filosofia da história que se diz, como tantas vezes em Benjamin, em conceitos de destruição crítica e em imagens de redenção messiânica. Num dos seus mais belos textos, no último de *Minima Moralia*, Adorno retomará esta metáfora da luz messiânica que, só ela, permite iluminar as rasgaduras do mundo:

> O conhecimento não tem outra luz além daquela que, a partir da redenção dirige seus raios sobre o mundo: tudo o mais exaure-se na reconstrução e permanece uma parte [um pedaço] de técnica. Seria [necessário] produzir perspectivas nas quais o mundo analogamente se desloque, se estranhe, revelando suas fissuras e fendas, tal como um dia, indigente e deformado, aparecerá na luz messiânica[34].

Este tema da criação sofredora e da natureza decaída prenuncia, já no livro sobre o barroco, a ideia cara a Benjamin dos anos 30 de uma história dos excluídos, dos esquecidos e dos vencidos, que a crítica filosófico-histórica deve extrair por debaixo da camada terrosa da história oficial. A verdade da interpretação alegórica consiste neste movimento de fragmentação e de desestruturação da enganosa totalidade histórica; a esperança de uma totalidade verdadeira – tal como sugere a fulgurância do símbolo – só pode, pois, ser expressa nas metáforas da mística (ou da teologia), isto é, numa linguagem duplamente prevenida contra a assimilação a um discurso de pretensão descritiva ou até científica. Se a interpretação alegórica é uma forma privilegiada de saber humano, é porque ela expõe à luz do dia esta ligação entre significação e historicidade, temporalidade e morte, uma ligação que, somente ela, fundamenta o único saber verdadeiramente positivo do homem:

---

33. "Ursprung"..., p. 352. Trad. bras., (muito modificada!) p. 198.
34. T. W. Adorno, *Minima Moralia*, Frankfurt am Main, Suhrkamp, 1970, pp. 333-334. Trad. bras., Luiz Bicca, São Paulo, Ática, 1993, pp. 215-216.

Ao passo que no símbolo, com a transfiguração do declínio, o rosto transfigurado da natureza se revela fugazmente à luz da redenção, a alegoria mostra ao observador a *facies hippocratica* da história como protopaisagem petrificada. A história, em tudo o que nela desde o início é prematuro, sofrido e malogrado, se exprime num rosto – não, numa caveira. [...] Nisso consiste o núcleo da visão alegórica: a exposição barroca, mundana, da história como a história do sofrimento do mundo, significativa apenas nas estações do declínio. Quanto maior a significação, tanto maior a sujeição à morte, porque é a morte que grava mais profundamente a tortuosa linha de demarcação entre a *physis* e a significação[35].

Verdadeira "escrita do desastre"[36], a interpretação alegórica é profundamente histórica, isto é, para o Benjamin desta época, crítica de toda visão mítica que, como em Goethe ou mesmo nos românticos de Iena, enraíza ainda o sentido da história no paradigma da organicidade natural. No centro desta parte sobre a alegoria barroca encontra-se assim, inscrita de maneira ao mesmo tempo contida e provocadora, uma teoria da historicidade e da mortalidade das obras; uma teoria que retoma as reflexões de Benjamin no seu ensaio sobre *As Afinidades Eletivas* de Goethe e na sua tese de doutorado[37], e que deverá orientar também a escolha das passagens parisienses, em vias de *desaparecimento*, como Aragon já havia realçado, para descrever a *Urgeschichte* (história originária) do século XIX. A predileção barroca pela matéria fragmentada, partida, decomposta, em suma, por tudo o que mostra a morte em obra, "este eterno deperecimento"[38] que é a inscrição da morte até na florescente natureza, esta predileção específica cumpre, com uma sombria jubilação, uma das tarefas reservadas por Benjamin à análise crítica: isto é, reconhecer a ação corrosiva da história e do tempo cujo efeito consiste em que as mais belas obras envelhecem e se nos tornam alheias (distância que motivou, lembremo-nos disso, a necessidade de uma leitura alegórica dos textos antigos). Deve-se levar até o fim este processo de decomposição entre "teor coisal" (*Sachgehalt*) e "teor de verdade" (*Wahrheitsgehalt*), reservando ao comentário a descrição detalhada destes acessórios essenciais que fazem a materialidade, a historicidade e a caducidade da obra, à crítica o cuidado do "enigma", "daquilo que é vivo", a saber, que o "teor de verdade" não desapareça totalmente com o desmembramento do "teor coisal". Mas isto que é "vivo" não é nem uma substância eterna que continua-

---

35. "Ursprung"..., p. 343. Trad. bras., p. 188.
36. Segundo o belo título do livro de Maurice Blanchot, 1980.
37. Cf. o último capítulo da tese de doutorado de W. Benjamin, "Der Begriff der Kunstkritik in der deutschen Romantik", *Ges. Sehr.* 1-1 (trad. bras., Mareio Seligmann Silva, *O Conceito de Crítica de Arte no Romantismo Alemão*, São Paulo, Iluminuras, 1993) e, mais ainda, o ensaio "Goethes Wahlverwandtschaften", *idem*, pp. 125-127 e pp. 181-182.
38. "Ewige Vergängnis", "Ursprung"..., p. 355 (trad. bras., p. 199) e p. 353, "In der Zeichenschrift der Vergängnis" (trad. bras., p. 201).

ria morando na arte depois dela ter-se despojado de seus elementos empíricos e históricos, nem o fruto saboroso de um desenvolvimento orgânico chegado à maturação. A metáfora benjaminiana da chama ressalta a dimensão destrutora dessa vida que intriga o crítico:

> Se se comparar a obra crescente a uma fogueira em chamas, então o comentador está frente a ela como o químico, o crítico como o alquimista. Enquanto para aquele madeira e cinzas permanecem os únicos objetos de sua análise, para este a chama mesma guarda um enigma: o do vivo. Assim, o crítico pergunta pela verdade cuja chama viva continua queimando por cima das achas pesadas daquilo que foi e das cinzas leves do vivido[39].

Essa bela comparação anuncia as descrições das apoteoses barrocas nas quais o poder do soberano se aniquila frente ao poder da morte. A obra de arte constrói, por assim dizer, sua própria fogueira e sua última verdade será o fogo que a consome. A crítica não deve, pois, preservar a beleza da aparência sensível, mas, uma vez reduzida a ruínas, prender-se a esses destroços e deles fazer os objetos privilegiados de sua meditação. Para se tornar objeto de saber, o objeto deve ser histórico de ponta a ponta, ser desnudado e dissecado. Essa concepção devastadora da crítica está nas antípodas de toda identificação ou de toda boa vontade hermenêutica que se esforça por manter o calor da imediaticidade; no entanto, essa concepção visa, sim, a verdade da obra, mas da obra "salva", isto é, previamente destruída e reduzida a ruínas, na expectativa do dia do juízo:

> Crítica é mortificação das obras [...]. Mortificação das obras: por consequência, não – romanticamente – um despertar da consciência nas que estão vivas, mas uma instalação do saber nas que estão mortas[40] [...]. O objeto da crítica filosófica é mostrar que a função da forma artística é, justamente, converter em teores de verdade os teores históricos de coisa, que estão na raiz de toda obra significativa. Essa transformação dos teores de coisa num teor de verdade faz do declínio do efeito, no qual, década após década, os atrativos iniciais vão se embotando, o fundamento de um renascimento, no qual toda beleza efêmera desaparece, e a obra se afirma enquanto ruína. Na construção alegórica do drama barroco estas formas arruinadas da obra de arte salva se destacam com nitidez desde sempre[41].

O papel da crítica – e da filosofia – é aqui definido por Benjamin com uma clareza cortante: tirar das formas artísticas e linguísticas

---

39. "Goethes Walhlverwandtschaften", p. 126 (trad. J. M. G.). A este respeito cf. o belo artigo de Antoine Berman: "Critique, commentaire et traduction (quelques réflexion à partir de Benjamin et de Blanchot)", em *Poesie*, n. 37, 1986.
40. Benjamin remete aqui à sua tese de doutorado sobre o conceito romântico de crítica, marcando assim, sem equívoco possível, um ponto de desacordo com o romantismo de Iena.
41. "Ursprung"..., pp. 357-358. Trad. bras., (modificada) pp. 203-204.

(ou na *Obra das Passagens*, das formas sociais fantasmagóricas), a partir do emaranhado histórico por elas desenhado, seu vulto futuro, tal qual a morte o revelará, este esqueleto tão caro aos alegoristas barrocos. Vulto desconjuntado e confuso que não reproduz necessariamente a harmonia do vivo, mas se compõe de escombros, de elementos disparatados ou extremos, como o ressalvava o "Prefácio"; somente esses destroços, esses fragmentos dispersos de uma totalidade, reconhecida como sendo enganosa, deixam entrever o esboço de uma outra realidade, redimida. A teologia mística de Isaac Luria e as mais ousadas pesquisas da vanguarda estética se ligam assim no centro da doutrina benjaminiana da alegoria, que também é, profundamente, uma teoria da história como lugar conjunto da significação e da morte. A interpretação alegórica, essa produção abundante de sentido, a partir da ausência de um sentido último, expõe as ruínas de um edifício do qual não sabemos se existiu, um dia, inteiro; o esboço apagado e mutável desse palácio frágil orienta o trabalho crítico. A história não é, pois, simplesmente o lugar de uma decadência inexorável como uma infinita melancolia poderia nos induzir a crer. Ao se despedir de uma transcendência morta e ao meditar sobre as ruínas de uma arquitetura passada, o pensador alegórico não se limita a evocar uma perda; constitui, por essa mesma meditação, outras figuras de sentido. Ademais, quer ele o reconheça ou não, o trabalho do alegorista revela que o sentido não nasce de uma positividade primeira do objeto (perdido), mas da ausência desse objeto, ausência dita e, deste modo, tornada presente na nossa linguagem[42]. Esse trabalho nos indica assim que o sentido não nasce tanto da plenitude e da eternidade como, também, do luto e da história, mesmo se, através deles, estamos em busca de um outro tempo.

No fim de sua obra, Benjamin liga, numa poderosa imagem, sua própria escolha teórica de interpretação do drama barroco à exigência de salvação, cujo emblema essas obras representam, e à produtividade destruidora da alegoria. Esta imagem é a de um edifício em ruínas, marcado pela história e pela morte:

> Porque a ideia do plano de conjunto se manifesta de forma mais impressionante a partir das ruínas das grandes construções do que nas construções menores, por mais bem-conservadas que estejam, por isso o drama barroco alemão tem direito à interpretação. No espírito da alegoria ele é concebido como ruína, como fragmento desde o início. Se outras resplandecem magníficas como no primeiro dia, esta forma mantém a imagem do belo firmemente ligada ao último dia[43].

Reencontramos essas construções em ruínas na obra do primeiro poeta verdadeiramente moderno segundo Benjamin, na obra de Bau-

---

42. Cf. Bettine Menke, *op. cit.*, particularmente as pp. 127 e ss.
43. "Ursprung"..., p. 409. A trad. bras., (p. 258) está defeituosa.

delaire[44], seja na sua poesia sobre a cidade, seja na sua teoria da modernidade. E mérito da interpretação benjaminiana ter mostrado como estes dois temas, cidade e modernidade, são ao mesmo tempo determinantes e inseparáveis na obra de Baudelaire. Pela mesma argumentação, Benjamin afasta as interpretações estetizantes que fazem de Baudelaire um representante escolhido da arte pela arte, ou, então, materialistas vulgares, que veem na revolta do poeta o mero protesto de um pequeno burguês ameaçado nos seus privilégios. Ora, o que liga a poesia da cidade e a teoria da modernidade, em Baudelaire, é o tema do transitório, da caducidade e da morte. Na maioria dos textos teóricos, notadamente no famoso ensaio sobre Constantin Guys[45] que Benjamin cita reiteradas vezes, Baudelaire defende uma visão positiva da arte moderna e da modernidade em oposição à concepção acadêmica e tradicional do Belo como forma eterna e absoluta. As descrições entusiastas de Constantin Guys – ou melhor de C. G., pois o próprio do artista moderno é despojar-se de sua identidade pessoal,

---

44. Sobre Baudelaire podemos ler vários escritos que testemunham também as dificuldades práticas e teóricas com as quais Benjamin se confrontou nos, últimos anos de sua vida. O primeiro ensaio, "Das Paris des Second Empire bei Baudelaire" (Ger. *Sehr.* 1-2, pp. 511-604) (trad. bras., Flávio René Kothe, "A Paris do Segundo Império em Baudelaire", em *W. Benjamin*, Col. Grandes Cientistas Sociais, n. 50, São Paulo, Alica, 1985, pp. 44-122; nova tradução deste texto por José Carlos Martins Barbosa em W. B., *Obras Escolhidas*, vol. III, São Paulo, Brasiliense, 1989, pp. 9-102), foi escrito no fim de 1938 em Paris. Benjamin o enviou para publicação à revista do Instituto de Pesquisa Social em Nova York. Numa carta famosa de 10 de novembro de 1938, Adorno criticou longamente este texto, deplorando sua falta de articulação teórica e dialética; em nome da redação, Adorno pediu, portanto, um remanejamento profundo do ensaio. Mais premido, ao que parece, pela necessidade econômica que convencido por razões teóricas. Benjamin escreveu rapidamente, entre fevereiro e julho de 1939, um segundo ensaio sobre Baudelaire, "Über einige Motive bei Baudelaire" (*Ges. Sehr.* 1-2, pp. 605-654) (trad. bras., – da versão italiana! – de Edson Araújo Cabral e José Benedito de Oliveira Damião no vol. Pensadores da Editora Abril,/Je/i/arnüi, *Adorno, Horklieimer, Habermas*, 1980, "Sobre Alguns Temas em Baudelaire", pp. 29-56; nova tradução deste texto por Hemerson Alves Baplista em W. Benjamin, *Obras Escolhidas*, vol. III, *op. cit.*, pp. 103-150). Este último texto retoma elementos do segundo capítulo do primeiro ensaio ("O Flâneur") e explicita os conceitos de choque, de memória e de tempo em Baudelaire ao confrontá-los com elementos da teoria freudiana e da teoria bergsoniana da memória e do esquecimento. A *Revista de Pesquisa Social* aceitou o manuscrito e o publicou no seu número de janeiro de 1940. Cabe observar aqui que Benjamin não conseguiu, durante o último ano de sua vida, nem reformular os primeiro e terceiro capítulos do primeiro ensaio (respectivamente "A Boêmia" e "A Modernidade"), nem aprofundar a relação entre alegoria e fetiche que ele julgava imprescindível para uma interpretação realmente renovadora, até revolucionária, da obra de Baudelaire (a este respeito, cf. W. Menninghaus, *op. cit.*, pp. 134 e ss.). Portanto, as numerosas anotações deixadas por Benjamin a respeito de Baudelaire serão lidas com muito proveito (anotações na edição crítica de Benjamin, vol. 1-3 das *Ges. Sehr.*, texto intitulado "Zentralpark" em *Ges. Sehr.* 1-2, pp. 655-690, trad. bras., Kothe, pp. 123-152; outra tradução, "Parque Central", de José Carlos Martins Barbosa, *op. cit.*, pp. 151-181, ou ainda no caderno J do *Passagen-Werk*, "Baudelaire", *Ges. Sehr.* V-l, pp. 301-489).

45. Charles Baudelaire, "Le peintre de la vie moderne", em *Ouevres Complètes*, pp. 1152-1192.

"eleger domicílio no número, no ondeante, no movente, no fugidio e no infinito", mergulhar na multidão, ser seu "espelho", seu "caleidoscópio dotado de consciência", em suma, ser um *"eu* insaciável do *não-eu*", um verdadeiro "homem do mundo"[46] – evocam um heroísmo de novo tipo: o da busca da beleza, certamente, mas pelo viés do novo e do efêmero. Como H. R. Jauss[47] ressaltou, o *moderno* não se define mais em relação ao *antigo*, a um passado exemplar ou renegado, mas pela sua abertura ao futuro, pela incessante procura da novidade. Ao se tornar sinônimo de *novo*, o conceito de moderno assume uma dimensão certamente essencial para a nossa compreensão de modernidade, mas, ao mesmo tempo, uma dinâmica interna que ameaça implodir sua relação com o tempo. De fato, se o novo está, por definição, destinado a transformar-se no seu contrário, no não mais novo, no obsoleto e no envelhecido, então o moderno designa um espaço de atualidade cada vez mais restrito. Em outros termos, a linha de demarcação, outrora tão clara entre o moderno e o antigo, tende a apagar-se, pois o moderno se transforma cada vez mais rapidamente em seu contrário. Ao se definir como novidade, a modernidade adquire uma característica que, ao mesmo tempo, a constitui e a destrói. Essa dialética explica o ritmo ofegante que escande o cotidiano do *pintor da vida moderna*, sempre adiantado em relação a seus contemporâneos, mas sempre atrasado em relação à novidade fugaz. Com sua costumeira clarividência, Baudelaire introduz no mesmo contexto o tema da moda como sendo a figura passageira e dominadora de uma atualidade que sempre nos escapa – uma figura que Benjamin retomará várias vezes. Na estética profundamente anti-rousseauniana de Baudelaire a moda também significa o "esforço permanente e sucessivo de reformação da natureza"[48], portanto uma forma cotidiana e aparentemente superficial da atividade suprema, da arte, que Baudelaire, no capítulo V deste ensaio, expulsa do domínio da *mimesis* para ancorá-la firmemente no reino da imaginação, da memória pessoal e subjetiva, enfim do artificial: o conhecido "Elogio da Maquilagem"[49] deve, pois, ser lido igualmente como o elogio disfarçado – ou maquilado! – da arte. Assim, como bem o notou Habermas (que lê Baudelaire com os óculos de Benjamin!)[50], a modernidade de Baudelaire não remete simplesmente à trivialidade da novidade ou, em jargão comercial, das novidades, mas, muito mais, a uma luta contra o curso inexorável e "natural" do tempo. O artista tenta, por assim dizer, adiantar-se ao tempo pela ra-

46. Baudelaire, *op. cit.*, pp. 1160 e 1161.
47. Hans Robert Jauss, *Literaturgeschichte als Provokation*, Suhrkamp, 1970, em particular o primeiro capítulo: "Literarische Tradition und Gegenwärtiges Bewusstsein", pp. 11-66.
48. Baudelaire, *op. cit.*, p. 1184.
49. *Idem*, capítulo XI, pp. 1182-1185.
50. Jürgen Habermas. *Der philosophische Diskurs der Moderne*, Suhrkamp, 1985, em particular pp. 17 e ss.

pidez, criando imagens ao mesmo tempo efêmeras e duradouras que dizem a junção do temporal e do eterno. A "teoria racional e histórica do belo" de Baudelaire conclui então que "o belo é feito de um elemento eterno, invariável, cuja quantidade é demasiado difícil de ser determinada, e de um elemento relativo, circunstancial, que será, se assim se quiser, vez por vez ou juntamente, a época, a moda, a moral, a paixão"[51]. Benjamin cita esta passagem e declara peremptoriamente: "Não se pode dizer que isto vá muito a fundo na questão"[52]. Ao considerar o tom cortante da observação, Jauss deduz daí que Benjamin não conseguiu captar o sentido eminentemente positivo da *modernidade* em Baudelaire, que ele insiste em demasia na imagem ideal de uma natureza harmoniosa e na aversão do poeta pela grande cidade, anônima e barulhenta. Curiosamente, Jauss explica esses mal-entendidos de Benjamin por sua obediência a uma posição marxista que o obrigaria a ler primeiro, em Baudelaire, uma denunciação da crueldade do capitalismo, esquecendo-se da teoria positiva da modernidade em germe nesta obra[53]. Mesmo se concordamos com algumas observações de Jauss, nossa conclusão não é a mesma. Parece-nos mais que Benjamin descobre *em* Baudelaire uma modernidade muito mais ambígua e rica que nem sempre coincide com a modernidade *segundo* Baudelaire. Nas *Flores do Mal* e no "Spleen de Paris", o heroísmo entusiasta de Constantin Guys dá lugar ao dilaceramento do sujeito poético, dividido entre a evocação da beleza intemporal, a conquista do novo e a obsessão do Tempo devorador e destruidor. Para Benjamin, Baudelaire não seria tanto o primeiro poeta moderno por ter feito da modernidade um motivo importante de seus escritos teóricos, porém muito mais, porque sua obra inteira remete à questão da possibilidade ou da impossibilidade da poesia lírica na nossa época. Questão central para Benjamin também, sobretudo desde o fim dos anos de 1920, o que também explica seu crescente interesse pelas teorias marxistas da literatura.

Como o notou com razão Menninghaus[54], o que caracteriza a literatura moderna segundo Benjamin – muito próximo neste item ao jovem Lukács –, é a consciência aguda do tempo, ou melhor, da temporalidade e da morte. A modernidade entretém uma relação privilegiada com a Antiguidade não porque esta última pudesse servir de modelo ou de antimodelo, mas porque a Antiguidade, passada e ultrapassada, manifesta com força uma propriedade essencial a ambas: sua fragilidade, sua caducidade comum, aquilo que Benjamin chama sua *Gebrechlichkeit*. É porque o antigo nos aparece como *ruína* que

---

51. Baudelaire, *op. cit.*, p. 1154.
52. W. Benjamin, "A Paris do Segundo Império em Baudelaire", trad. Kothe, p. 106.
53. Jauss, *op. cit.*, pp. 59 e ss.
54. W. Menninghaus, *op. cit.*, pp. 134 e ss.

o moderno, igualmente fadado a uma destruição próxima, se parece tanto com ele. Assim, na interpretação benjaminiana, a poesia urbana de Baudelaire não exprime a mera recusa da grande cidade, mas a descreve lucidamente como uma construção triunfante e frágil onde se unem, de maneira indiscernível, os escombros e os novos edifícios. Paradoxalmente, é justamente porque os poemas de Baudelaire dizem esse caráter transitório e destrutível que eles perduram ainda hoje, contrariamente à poesia triunfalista de um Verhaeren, por exemplo, que via na cidade moderna o apogeu do progresso humano: "Seu [de Baudelaire] conceito da caducidade da grande metrópole está na origem da perenidade dos poemas que escreveu sobre Paris"[55].

O caráter histórico e efêmero da beleza que Baudelaire interpretava positivamente em "O Pintor da Vida Moderna", como a expressão de uma novidade sempre renovada, surge aqui como a ameaça constante de desaparecimento, como o signo da nossa ligação inexorável ao tempo e à morte. Este sentimento agudo do transitório não encontra mais sua razão e seu consolo na fé em uma eternidade divina, como isso podia ainda ser o caso na idade barroca. A cidade moderna não é mais um simples lugar de passagem em oposição à estabilidade da Cidade divina, mas o palco isolado de um teatro profano onde a destruição acaba por vencer sempre. Nesse contexto, Benjamin realça a significação decisiva das grandes obras empreendidas por Haussmann no mesmo ano em que Baudelaire escreve "O Pintor da Vida Moderna". A "reurbanização" de Paris destrói bairros inteiros, apaga o labirinto das ruazinhas medievais, abre grandes avenidas e alamedas "modernas", num gesto arquitetônico no qual ruínas e fundações se confundem. Haussmann realiza materialmente a confluência entre o antigo e o moderno pela manifestação da fragilidade do presente: as ruínas do passado correspondem às de hoje; a morte não habita só os palácios de ontem, mas já corrói os edifícios que estamos erguendo.

A busca incessante do novo só é, pois, uma agitação irrisória que mal recobre a atividade subterrânea e tenaz de um tempo mortífero. Segundo Benjamin, esta compreensão da temporalidade é inseparável da produção capitalista, em particular do seccionamento do tempo no trabalho industrial e da transformação dos produtos da atividade humana em mercadorias, "novidades" sempre prestes a se transformarem em sucata. Ao ler esses desenvolvimentos da argumentação benjaminiana, Adorno teve, sem dúvida, boas razões para criticar a falta de rigor dialético dessas hipóteses. Não percebeu, porém, o achado realmente dialético de Benjamin, a saber, a explicação "materialista" da ressurgência, na obra moderna de um Baudelaire, desta antiga figura retórica, da alegoria. A desvalorização dos objetos – até dos seres humanos, qual a prostituta – transformados em mercado-

---

55. W. Benjamin, "A Paris do Segundo Império em Baudelaire", trad. Kothe, p. 107.

rias, quebra a relação de imediaticidade do sujeito poético com as coisas e com as palavras que as dizem[56]. Esta desvalorização é intensificada pela ação corrosiva do tempo que as transformações de Paris expõem como uma ferida ao olhar do poeta:

> *Paris change! Mais rien dans ma mélancolie*
> *N'a bougé! Palais neufs, échafaudages, blocs*
> *Vieux faubourgs, tout pour moi devient allégorie*
> *Et mes chers souvenirs sont plus lourds que des rocs.*

> (Paris muda! Mas nada na minha melancolia
> Mudou! Novos palácios, andaimes, blocos.
> Antigas alamedas, tudo para mim se torna alegoria,
> E minhas caras lembranças são mais pesadas que rochas.)

(trad. J. M. G.)

Nestes versos do "Cisne", um poema muitas vezes citado por Benjamin, Baudelaire opõe a persistência de sua melancolia e o peso de pedra de suas lembranças à falta de solidez dos monumentos humanos e à fragilidade desta grande cidade que parecia tão gloriosa. Uma oposição que lembra os paradoxos barrocos sobre a inconstância da corte e do soberano. Como o poeta barroco, Baudelaire mergulha numa infinita melancolia, na qual as significações exteriores se congelam em alegorias. A diferença da época barroca, porém, não é mais o horizonte religioso que oferece um contrapeso a este desaparecimento do sentido, mas a tentativa subjetiva, quase irrisória, de se *lembrar* de um outro tempo, luminoso e espesso como mel, tempo de uma harmonia ancestral, de uma *vida anterior*. Benjamin descobre a "arquitetura secreta" das *Flores do Mal*[57] na oposição central entre o tempo vazio e devorador da modernidade e o tempo pleno e resplandecente de um lembrar imemorial[58]; ou melhor, a própria temporalidade moderna se define por este contraste, como se a fé perdida num paraíso a vir tivesse se transformado na persistente nostalgia de um paraíso de outrora. Benjamin lê esta tensão até no título do primeiro livro das *Flores do Mal*, "Spleen e Ideal". O Ideal remete a uma harmonia perdida que a palavra poética se esforça em evocar, harmonia entre a linguagem da natureza e a linguagem do homem, dos sentidos entre eles, do espírito e da sensibilidade, como proclama o soneto das *Correspondências*. Nesta paisagem ideal que reaviva o desejo de uma fusão originária, o tempo não escoa mais, mas se imobiliza no ritmo regular das ondas marítimas, imagem privilegiada da

---

56. Cf. pp. 39-40 deste capítulo.
57. Cf. o capítulo X de "Über einige Motive bei Baudelaire", pp. 637 e ss.; trad. bras., "Sobre Alguns Motivos em Baudelaire", Abril, pp. 47 e ss.
58. Cf. também W. Menninghaus, *op. cit.*

felicidade em Baudelaire. Mas existe o outro tempo, o do *Spleen* (palavra bem moderna, um anglicismo!), o tempo inimigo que devora a vida, corrompe cada instante de felicidade, cada visão de beleza e acaba por matar o poeta:

> *Ô douleur, ô douleur! Le Temps ronge la vie*
> *El l'obscur Emnemi qui nous ronge le coeur*
> *Du sang que nous perdons croît et se fortifie*
>
> (Oh dor, oh dor! O tempo rói a vida
> E o Inimigo obscuro que nos rói o coração
> Do sangue que perdemos cresce e se fortifica.)[59]

Tempo-vampiro que não remete somente à antiga meditação sobre a vaidade da vida e a futilidade dos prazeres, mas também, segundo Benjamin, à alienação do trabalho capitalista, submetido ao tempo inumano, abstrato e insaciável dos relógios e dos cronômetros, como indica o último poema de "Spleen e Ideal", "O Relógio" ("L'Horloge"). Benjamin situa a origem da poesia baudelairiana nesta luta, perdida de antemão, contra o tempo devastador. Baudelaire não escreve somente para evocar um passado harmonioso e perdido, mas, muito mais, para opor ao tempo destruidor a frágil perenidade do poema. A escrita descreve o trabalho do tempo e da morte, mas, ao dizê-lo, luta igualmente contra ele. Depois de ter mencionado a "reurbanização" de Haussmann[60], Benjamin relata a bela anedota segundo a qual Maxime du Camp, no limiar da velhice, enquanto esperava, perto de uma ótica, seus óculos novos, teve a visão repentina de Paris em ruínas; seus olhos enfraquecidos perceberam esta imagem que gostaríamos de possuir das cidades antigas: a imagem de uma cidade viva, fadada à destruição. Decidiu, então, escrever o livro que a descreveria e que a Antiguidade esqueceu de nos legar. Esta inspiração, comenta Benjamin, orienta igualmente a compreensão baudelairiana da modernidade; ela também está na fonte de sua vontade de escrever para descrever não só aquilo que tem a pretensão de durar, mas, sobretudo, aquilo que, desde sempre, pertence à morte. Proust, ele também, só começará realmente a escrever depois de ter reconhecido os vultos de sua juventude sob as máscaras da dança dos mortos no último baile na Princesa de Guermantes. Em suas obras, Baudelaire e Proust dizem a morte em obra, inaugurando esta relação de combate contra a morte e de conivência com ela, que caracteriza a literatura contemporânea. Aliás, é a "Morte" este "velho capitão" que, no último poema das *Flores do Mal*, será encarregado pelo poeta de livrar, enfim, o objeto privilegiado do desejo moderno, o "novo"[61].

---

59. "L'Ennemi" em *Les Fleurs du Mal*, p. 15. Trad. J. M. G.
60. "A Paris do Segundo Império em Baudelaire", trad. Kothe, pp. 109-110.
61. "Le Voyage" em *Les Fleurs du Mal*, pp. 122-127.

A grandeza e a modernidade de Baudelaire não provêm, portanto, somente de seus escritos teóricos que proclamam a busca necessária da novidade ou de seus versos inesquecíveis que cantam uma felicidade imemorial, mas também da lucidez com a qual ele reconhece e *diz* as contradições desta busca e a impossibilidade desta volta:

> As *Flores do Mal* não seriam, porém, o que são, fossem regidas apenas por esse êxito. O que as torna inconfundíveis é, antes, o fato de terem extraído poemas à ineficácia do mesmo consolo, à falha do mesmo ardor, ao fracasso da mesma obra – poemas que nada ficam devendo àqueles em que as *correspondances* celebram suas festas[62].

Baudelaire não é nem um poeta *kitsch* romântico que ficaria preso à nostalgia de um passado encantado, nem um esnobe triunfalista que se limitaria a celebrar cada novidade. Sua verdadeira modernidade consiste, segundo Benjamin, em ousar afirmar, com a mesma intensidade, o desejo e a impossibilidade da volta a esta origem perdida desde sempre. Como estes anjos hieráticos nos túmulos dos grandes cemitérios burgueses do século XIX, as alegorias baudelairianas velam por esta lembrança já morta.

---

62. W. Benjamin, "Über einige Motive bei Baudelaire", *op. cit.*, *p.* 641; trad. bras., "Sobre Alguns Motivos em Baudelaire" de Hemerson Alves Batista, *op. cit.*, p. 135 (trad. modificada).

3. Não Contar Mais?

Esta "arqueologia da modernidade" que os ensaios sobre Baudelaire e o livro inacabado das "Passagens" se propõem a descrever, Benjamin já tinha começado a fundamentá-la em toda sua reflexão anterior a respeito do declínio da *experiência* no sentido pleno de *Erfahrung*, e, conjuntamente, do fim da narração tradicional. Esse tema, que o preocupa desde seus primeiros escritos[1], toma-se, no decorrer dos anos 30, uma parte inerente de sua reflexão sobre as transformações *estéticas* que chegam à maturação no início do século XX e subvertem a produção cultural, artística e política. Trata-se de uma interrogação que diz respeito à estética no sentido etimológico do termo, pois Benjamin liga indissociavelmente as mudanças da produção e da compreensão artísticas a profundas mutações da percepção (*aisthêsis*) coletiva e individual[2]. A importância deste processo deve ser ressaltada, pois ele exclui, nas descrições de Benjamin, os argumentos moralizantes, tão frequentes em numerosas descrições contemporâneas, que nos chamam a voltar para uma continuidade perdida, a reencontrar um enraizamento secular. Por certo, Benjamin não escapa, às vezes, a um tom nostálgico, tom comum, aliás, à maio-

---

1. Cf. o texto "Erfahrung" de 1913, *Ges. Sehr.* H-l, pp. 48-53 (trad. bras., "Experiência", em Walter Benjamin, *A Criança, O Brinquedo, A Educação*, São Paulo, Summus Editorial, 1984, pp. 23-26) e o ensaio "Über das Programm der kommenden Philosophie" ("Sobre o Programa da Filosofia a Vir"), *Ges. Sehr.* IM, pp. 157-170.
2. Cf. Norbert Bolz, "Des Conditions de possibilité de l'expérience historique", *Waller Benjamin et Paris*, pp. 467-496.

ria dos teóricos do "desencantamento do mundo"[3], quando evoca as "comunidades" de outrora nas quais memória, palavras e práticas sociais eram compartilhadas por todos[4]. Porém, sua visada teórica ultrapassa de longe esses acentos melancólicos. Ela se atem aos processos sociais, culturais e artísticos de fragmentação crescente e de secularização triunfante, não para tentar tirar dali uma tendência irreversível, mas, sim, possíveis instrumentos que uma política verdadeiramente "materialista" deveria poder reconhecer e aproveitar em favor da maioria dos excluídos da cultura, em vez de deixar a classe dominante se apoderar deles e deles fazer novos meios de dominação. Tal é, pelo menos, a exigência teórica e política que orienta as afirmações, muitas vezes ousadas, do ensaio sobre a reprodutibilidade técnica[5] ou do pequeno texto "Experiência e Pobreza"[6]. Numa carta a Adorno de 4 de junho de 1936[7], Benjamin traça um paralelo entre o ensaio sobre a reprodutibilidade, consagrado às mudanças da percepção visual e tátil[8] das artes plásticas, e o ensaio sobre "O Narrador", que ele está acabando de escrever. Ambos tratam, com efeito, do "declínio da aura", declínio sensível não só nas novas técnicas do cinema e da fotografia, mas também no fim da arte narrativa tradicional, de maneira mais ampla, na nossa crescente incapacidade de contar. O ensaio sobre "O Narrador" retoma vários esboços nos quais Benjamin trabalhava desde o fim dos anos de 1920[9] e que ele recolhe sob a égide de Nicolas Lesskov, autor russo da segunda metade do século XIX, sobre o qual a revista *Orient et Occident* lhe encomendou um artigo. Se essa problemática da narração preocupa Benjamin desde tanto tempo – e continuará a preocupá-lo até sua morte – é porque ela concentra em si, de maneira exemplar, os paradoxos da nossa modernidade e, mais especificamente, de todo seu pensamento. Essa problemática, que havíamos resumido como a impossibilidade da narração e a exigência de uma nova história[10], manifesta-se nas

---

3. "Entzauberung der Welt" segundo a famosa expressão de Max Weber. Cf. também N. Bolz, *Entzug aus der entzauberten Welt*, München, W. Fink Verlag, 1981.
4. Michael Löwy, *Pour une sociologie des intellectuels*, Paris, PUF, 1976; trad. bras.: *Para uma Sociologia dos Intelectuais Revolucionários*, "Livraria Editora Ciências Humanas, São Paulo, 1979, mostra muito bem a influência decisiva de Tönnies (*Gesellchaft und Gemeinschaft*) e de Simmel (*Die Philosophie des Geldes*) sobre esta geração de pensadores.
5. "Das Kunstwerk im Zeitalter seiner technischen Reproduzierbarkeit", em *Ges. Sehr.* 1-2, pp. 431-508 (as duas versões); trad. bras., em *Obras Escolhidas*, vol. I, São Paulo, Brasiliense, trad. S. P. Rouanet, pp. 165-194.
6. "Erfahrung und Armut", *Ges. Sehr.* II-1. pp. 213-219; trad. bras., "Experiência e Pobreza", em W. Benjamin, *Documentos de Cultura/Documentos de Barbárie* (*Escritos Escolhidos*), Seleção e Apresentação de Willi Bolle, Cultrix/Edusp, 1986, vários tradutores, pp. 195-198.
7. Cf. anotações críticas a "O Narrador", *Ges. Sehr.* 11-3, p. 1277.
8. Cf. Norbert Bolz, "Des Conditions de possibilité de l'expérience historique".
9. Cf. anotações críticas a "O Narrador", *Ges. Sehr.* II-3, pp. 1276 e ss.
10. Cf. nossa "Introdução".

suas contradições quando lemos, um depois do outro, o ensaio sobre "O Narrador" e o sobre "Experiência e Pobreza", dois textos contemporâneos, paralelos, e até semelhantes em várias passagens e que chegam, no entanto, a conclusões muito divergentes. Gostaria de me limitar a essas divergências e àquilo que elas nos dão a pensar para nos introduzir a essa problemática fundamental. Deixarei resolutamente de lado as discussões mais específicas sobre a fundamentação de certas afirmativas de Benjamin, num e no outro ensaio, restringindo-me a extrair algumas conclusões talvez paradoxais, mas essenciais.

O pequeno texto provocante "Experiência e Pobreza" começa com uma narração lendária, um conto antigo (já presente em Esopo), que nos explica como nos tornarmos *ricos*. É a história do pai que, no leito de morte, revela a seus três filhos que um tesouro está escondido no seu vinhedo, que eles o descobrirão sob a condição de trabalhar e cavar sem folga. Os filhos obedecem, não encontram nenhum tesouro, mas suas vindimas serão as mais abundantes do país, pois não mediram esforços. A riqueza, reconhecem eles então, não provém de nenhum tesouro, mas sim da experiência que o pai moribundo lhes transmitiu.

Ora, constata Benjamin, hoje tais experiências não passam mais: os provérbios soam ocos, as histórias se esgotam:

> Sabia-se muito bem o que era experiência: as pessoas mais velhas sempre a passavam aos mais jovens. De forma concisa, com a autoridade da idade, em provérbios; ou de forma prolixa, com sua loquacidade, em histórias; ou ainda através de narrativas de países estrangeiros, junto à lareira, diante de filhos e netos. Mas para onde foi tudo isso? Quem ainda encontra pessoas que saibam contar histórias como devem ser contadas? Por acaso os moribundos de hoje ainda dizem palavras tão duráveis que possam ser transmitidas de geração em geração como se fossem um anel? A quem ajuda, hoje em dia, um provérbio? Quem sequer tentará lidar com a juventude invocando sua experiência?[11]

Essa primeira página de "Experiência e Pobreza" nos fornece já algumas referências essenciais para entendermos a noção *de Erfahrung* em Benjamin. Primeiro, a experiência se inscreve numa *temporalidade* comum a várias gerações. Ela supõe, portanto, uma tradição compartilhada e retomada na continuidade de uma palavra transmitida de pai a filho; continuidade e temporalidade das sociedades "artesanais" diz Benjamin em "O Narrador", em oposição ao tempo deslocado e entrecortado do trabalho no capitalismo moderno. Essa tradição não configura somente uma ordem religiosa ou poética, mas desemboca também, necessariamente, numa prática comum; as histórias do narrador tradicional não são simplesmente ouvidas ou lidas,

---

11. "Erfahrung und Armut", p. 214; "Experiência e Pobreza", p. 195.

porém escutadas e seguidas; elas acarretam uma verdadeira formação (*Bildung*), válida para todos os indivíduos de uma mesma coletividade. Essa orientação prática ("O Narrador", § IV) se perdeu e explica nossa habitual desorientação (*Rat-losigkeit*), isto é, nossa incapacidade em dar e receber um verdadeiro conselho (*Rat*). Enfim, a expressão privilegiada dessa experiência tradicional é a palavra do moribundo, não porque ele teria qualquer saber secreto pessoal a nos revelar, mas muito mais porque, no *limiar* da morte, ele aproxima, numa repentina intimidade, nosso mundo vivo e familiar deste *outro* mundo desconhecido e, no entanto, comum a todos. Como os viajantes que voltam de longe ("O Narrador", § II), os agonizantes são aureolados por uma suprema autoridade que a última viagem lhes confere. Lembremos aqui que a palavra *Erfahrung* vem do radical *fahr* – usado ainda no antigo alemão no seu sentido literal de percorrer, de atravessar uma região durante uma viagem. Na fonte da verdadeira transmissão da experiência, na fonte da narração tradicional há, portanto, esta autoridade que não é devida a uma sabedoria particular, mas que circunscreve o mais pobre homem na hora de sua morte, escreve Benjamin no parágrafo X de "O Narrador".

Essas descrições retomam numerosos temas da sociologia alemã da época. Benjamin cita, igualmente, várias vezes, a *Teoria do Romance* de Lukács, em particular quando tenta estabelecer uma espécie de tipologia das formas narrativas (parágrafos V, VI, XIV e XV de "O Narrador"). Podemos igualmente observar que esse texto antecipa numerosas observações etnológicas contemporâneas, em particular aquelas ligadas ao que Lyotard chamou de "pragmática do saber narrativo"[12]: mesma importância dada ao saber prático, plural e fundador da narração, mesma relação privilegiada com um tipo de transmissão oral e comunitária (embora Benjamin não faça distinção entre as narrativas legitimantes e as outras), mesma temporalidade imemorial que funda a autoridade da narração e do narrador. Os ensaios sobre "Experiência e Pobreza" e sobre "O Narrador" inscrevem-se, eles também, portanto, numa tradição de narrativas sobre o fim da narração, uma tradição muito viva até hoje! "O Narrador", em particular, é lido habitualmente, talvez um pouco rápido demais, como a comprovação nostálgica, mesmo desolada e assustada, "da morte da narração/da narrativa"[13]. No entanto, existem, nesses dois textos, outros aspectos menos conhecidos, mas que vão estimular nossa reflexão.

12. Cf. Jean-François Lyotard, *La Condition post-moderne*, Minuit, 1979, Section 6, pp. 35 e ss.
13. Cf. Paul Ricoeur, *Temps et Récit*, vol. II, Seuil, 1984, p. 48. A palavra *recitem* francês significa, dependendo do contexto, ou a atividade ou o produto do narrar – ou até joga com esta ambiguidade. Por isso usamos em português às vezes narração, às vezes narrativa ou um composto das duas palavras. (Cf. a mesma ambiguidade na palavra portuguesa "relato".)

Primeiro, algo que poderia se chamar problemática do desaparecimento dos rastros. No início de "Experiência e Pobreza", Benjamin afirma, numa página retomada quase *ipsis verbis* em "O Narrador"[14], que a [Primeira] Guerra consagrou esta "queda" da experiência e da narração; aqueles que escaparam das trincheiras voltaram mudos e sem experiências a compartilhar, nem histórias a contar. A Primeira Guerra manifesta, com efeito, a sujeição do indivíduo às forças impessoais e todo-poderosas da técnica, que só faz crescer e transforma cada vez mais nossas vidas de maneira tão total e tão rápida que não conseguimos assimilar essas mudanças pela palavra. Nada de muito novo nessa descrição, comum ao pensamento filosófico e sociológico da época. Em compensação, a continuação do ensaio "Experiência e Pobreza" (pobreza de experiência, justamente) nos surpreende. Benjamin evoca duas reações possíveis a esta ausência de palavra comum, a esse esfacelamento das narrativas. A primeira caracteriza o comportamento da burguesia do fim do século XIX, quando esse processo de perda de referências coletivas começou a ficar patente. Para compensar a frieza e o anonimato sociais criados pela organização capitalista do trabalho, ela tenta recriar um pouco de calor e de *Gemütlichkeit* através de um duplo processo de *interiorização*. No domínio psíquico, os valores individuais e privados substituem cada vez mais a crença em certezas coletivas, mesmo se estas não são nem fundamentalmente criticadas nem rejeitadas. A história do si vai, pouco a pouco, preencher o papel deixado vago pela história comum (são os inícios da psicanálise, poderíamos também acrescentar). Benjamin situa neste contexto o surgimento de um novo conceito de experiência, em oposição àquele de *Erfahrung* (Experiência), o do *Erlebnis* (Vivência), que reenvia à vida do indivíduo particular, na sua inefável preciosidade, mas também na sua solidão. Essa interiorização psicológica é acompanhada por uma interiorização especificamente espacial: a arquitetura começa a valorizar, justamente, o "interior". A casa particular torna-se uma espécie de refúgio contra um mundo exterior hostil e anônimo. O indivíduo burguês, que sofre de uma espécie de despersonalização generalizada, tenta remediar este mal por uma apropriação pessoal e personalizada redobrada de tudo o que lhe pertence no privado: suas experiências inefáveis (*Erlebnisse*), seus sentimentos, sua mulher, seus filhos, sua casa e seus objetos pessoais. No texto "Sobre Paris, Capital do Século XIX", Benjamin analisa, de maneira muito feliz, os interiores burgueses do fim do século, com seus móveis estofados, seus tapetes espessos, sua luz filtrada, suas fotografias e suas pinturas escolhidas, enfim, todos aqueles acessórios essenciais que deveriam sugerir uma intimidade que sumiu do mundo público; tais acessórios também têm

---

14. "Erfahrung und Armut", p. 214; "Experiência e Pobreza", p. 195; "Der Erzähler", p. 439; trad. bras., Modesto Carone, no volume *Benjamin, Adorno, Horkheimer, Habermas*, da série Os Pensadores, São Paulo, Abril, 1980, "O Narrador", p. 57.

a função de ressaltar a marca do seu proprietário, reduzido ao anonimato quando deixa sua moradia: "Habitar significa deixar rastros", diz Benjamin[15]. Despossuído do sentido da sua vida, o indivíduo tenta, desesperadamente, deixar a marca de sua possessão nos objetos pessoais: iniciais bordadas num lenço, estojos, bolsinhos, caixinhas, tantas tentativas de repetir no mundo dos objetos o ideal da moradia. Benjamin observa com humor que o veludo não é por acaso um dos materiais preferidos desta época: os dedos do proprietário deixam nele, facilmente, seu rastro.

Embora compreensível, esta reação só faz produzir a ilusão de estar em casa num mundo alienado; não consegue mascarar e, ainda menos, resolver essa separação entre público e privado que a sociedade capitalista exacerba. Toda uma corrente da arte moderna vai, consequentemente, aprofundar essa ruptura da tradição e das narrações, aprofundar esse silêncio, "construir com pouco", "fazer tabula rasa", como o diz Benjamin[16]. Essa atitude, já presente nos pensadores das Luzes, vê na falta de autoridade e de tradição não só um perigo, como também e antes uma chance, tênue mas real, de formação de um mundo neutro, despojado, com menos privilégios certamente, mas, talvez, com mais nitidez. Numerosas tendências estéticas contemporâneas, profundamente antipsicologizantes, mesmo objetivistas, podem assim ser explicadas segundo Benjamin, que cita, atabalhoadamente, o Bauhaus, o cubismo, o teatro de Brecht e... Mickey Mouse! Poder-se-ia resumi-las dizendo que o veludo deixa lugar, doravante, ao vidro, este material transparente que não protege o privado, porém o expõe, este material "duro e liso", "frio e sóbrio", contrário "ao segredo" e "à propriedade"[17], este material, enfim, no qual todo rastro se transforma em mancha a ser apagada.

Em vez de inventar ilusões consoladoras, essa arte sem bons sentimentos choca e provoca por seu gesto ao mesmo tempo realista e denunciador. Daí, aliás, os escândalos que causa num público que preferia ser reconfortado a ser abalado. Benjamin, amigo de Brecht e grande admirador de seu teatro do *Verfremdungseffekt*, cita o primeiro poema do *Manual para Habitantes das Cidades*, uma réplica áspera a esse desejo do indivíduo burguês de deixar um rastro no mundo:

APAGUE AS PEGADAS

Separe-se de seus amigos na estação
De manhã vá à cidade com o casaco abotoado

---

15. "Paris, die Hauptstadt des XIX Jahrunderts", *Ges. Sehr.* V-l, p. 53. Trad. bras., Flávio R. Kothe, *W. Benjamin, op. cit.*, "Paris. Capital do Século XIX", p. 38. A este respeito cf. S. P. Rouanet, *Édipo e o Anjo. Itinerários Freudianos na Obra de Walter Benjamin*, Rio de Janeiro, Tempo Brasileiro, 1981, pp. 57 e ss.
16. "Erfahrung und Armut", p. 215; "Experiência e Pobreza", p. 196.
17. "Erfahrung und Armut", p. 217; "Experiência e Pobreza", p. 197.

Procure alojamento, e quando seu camarada bater:
"Não, oh, não abra a porta
Mas sim
Apague as pegadas!

Se encontrar seus pais na cidade de Hamburgo ou em outro lugar
Passe por eles como um estranho, vire na esquina, não os reconheça
Abaixe sobre o rosto o chapéu que eles lhe deram
Não, oh, não mostre seu rosto
Mas sim
Apague as pegadas!

Coma a carne que aí está. Não poupe.
Entre em qualquer casa quando chover, sente em qualquer cadeira
Mas não permaneça sentado. E não esqueça seu chapéu.
Estou lhe dizendo:
Apague as pegadas!

O que você disser, não diga duas vezes.
Encontrando o seu pensamento em outra pessoa: negue-o.
Quem não escreveu sua assinatura, quem não deixou retrato
Quem não estava presente, quem nada falou
Como poderão apanhá-lo?
Apague as pegadas!

Cuide, quando pensar em morrer
Para que não haja sepultura revelando onde jaz
Com uma clara inscrição a lhe denunciar
E o ano de sua morte a lhe entregar
Mais uma vez:
Apague as pegadas!

(Assim me foi ensinado.)[18]

As últimas palavras, entre parênteses, desse poema indicam, ironicamente, que a única experiência que pode ser ensinada hoje é a de sua própria impossibilidade, da interdição da partilha, da proibição da memória e dos rastros até na ausência de túmulo. Poema exemplar, pois descreve na sua crueldade as condições de vida anônimas da maioria dos habitantes de grandes cidades, denunciando, simultaneamente, os bastidores de um palco no qual se poderia ainda encenar o espetáculo ingênuo da doçura de viver (espetáculo burguês, segundo Brecht). Poema exemplar, igualmente pelo fato de sinalizar também, e com lucidez, ao recusar o idílio de uma existência protegida, que este ser sem amigos, sem família, sem rosto, sem palavras próprias, sem nome e sem túmulo, este homem que só teria o chapéu

---

18. Bertold Brecht, "Aus einem Lesebuch für Städtebewohner", *Ges. Werke*, Suhrkamp, vol. 8, pp. 267-268 ("Verwisch die Spuren"); trad. bras., Paulo Cesar Souza em *Brecht, Poemas*, São Paulo, Brasiliense, 1986, pp. 69-70.

que ele periga, infelizmente, esquecer, que este "ninguém" de sobreaviso está sempre fugindo de uma polícia que procura apanhá-lo pela mínima negligência ("Quem não estava presente, quem nada falou/Como poderão apanhá-lo?"). Descrição profética da perseguição nazista e dos mecanismos de abandono e de demissão cegos que ela ia encorajar. Descrição, igualmente, desta desumanização e desta despersonificação radicais que os campos de concentração iam instaurar sistematicamente, esta realidade ao mesmo tempo funcional e inomável que os livros insuportáveis de Primo Levi enunciam com uma voz sem cor.

É, sem dúvida, a instauração desta barbárie real que proibirá Benjamin de continuar usando uma noção que ele tenta definir positivamente no texto "Experiência e Pobreza", a de "nova barbárie"[19]. O ensaio sobre "O Narrador", ligeiramente posterior, é uma nova tentativa de pensar juntos, de um lado o fim da experiência e das narrativas tradicionais, de outro a possibilidade de uma forma narrativa diferente das baseadas na prioridade do *Erlebnis*, qual o romance clássico que consagra a solidão do autor, do herói e do leitor, ou qual a informação jornalística, falsamente coletiva, que reduz as longínquas distâncias temporais e espaciais à exiguidade da "novidade". Enquanto "Experiência e Pobreza" descrevia primeiro o esfacelamento da narração tradicional numa multiplicidade de narrativas independentes, ao mesmo tempo objetivas e irreverentes, "O Narrador" coloca alguns marcos tímidos para definir uma atividade narrativa que saberia rememorar e recolher o passado esparso sem, no entanto, assumir a forma obsoleta da narração mítica universal, aquilo que Lyotard chamará de as grandes narrativas legitimantes[20].

Com efeito, ao reler com atenção "O Narrador", descobrimos que seu tema essencial não é o da harmonia perdida; atrás deste motivo aparente aparece uma outra exigência. Não se trata tanto de deplorar o fim de uma época e de suas formas de comunicação quanto de detectar na antiga personagem, hoje desaparecida, do narrador, uma tarefa sempre atual: a da *apokatastasis*, esta reunião de todas almas no Paraíso, segundo a doutrina (condenada por heresia) de Orígenes, uma doutrina que teria tanto influenciado Lesskov. Recolhimento que o narrador, essa figura secularizada do Justo, efetuaria por suas narrativas, mas, singularmente, que definirá também o esforço do historiador "materialista", tal como o chama Benjamin nas "Teses"[21]. O que se opõe a essa tarefa de retomada salvadora do passado não é somente o fim de uma tradição e de uma experiência com-

---

19. "Ein neues Barbarentum", em "Erfahrung und Armut", p. 215; "Experiência e Pobreza", p. 196.
20. Cf. J. F. Lyotard, *op. cit.*
21. O termo *apokatastasis* volta por duas vezes no contexto da narração na obra de Benjamin: "O Narrador", p. 70 ("Der Erzähler", p. 458) e no "Passagen Werk", a propósito do método histórico (*op. cit.*, p. 573, fragmento N1a).

partilhadas; mais profundamente, é a realidade do sofrimento, de um sofrimento tal que não pode depositar-se em experiências comunicáveis, que não pode dobrar-se à junção, *à sintaxe* de nossas proposições. Esse sofrimento que a Primeira Guerra revelou (e que a Segunda devia levar a seu cume inominável) não pode ser simplesmente contado, como gostariam de o fazer acreditar estes romances de guerra que Benjamin rejeita no início de "O Narrador"[22]. No entanto, deveria ser transmitido, deveria poder ser dito, narrado, mas num sentido certamente diferente do da acepção tradicional do *erzählen*. Eis, pelo menos, a exigência implícita desse desejo de *apokatastasis* que orienta a teoria benjaminiana, tal como o descobrimos nos seus escritos sobre o drama barroco, sobre a tradução e, agora, sobre a narração e sobre a história. Como descrever esta atividade narradora que salvaria o passado, mas saberia resistir à tentação de preencher suas faltas e de sufocar seus silêncios? Qual seria esta narração salvadora que preservaria, não obstante, a irredutibilidade do passado, que saberia deixá-lo inacabado, assim como, igualmente, saberia respeitar a imprevisibilidade do presente? Uma narração cuja dinâmica profunda não deixa de lembrar esse movimento paradoxal de restauração e de abertura que descreve o conceito benjaminiano de *origem*.

Se Benjamin não "resolveu" a questão, como se lhe é exigido demais vezes, esboçou, porém, algumas pistas, algumas vias de aproximação possíveis que podemos explorar. No texto sobre "O Narrador", privilegiarei duas delas: sua definição do conselho verdadeiro (*Rat*) e sua insistência na ligação entre morte e narração.

Benjamin não define os atos de dar ou de receber um conselho por suas características psicológicas ou pragmáticas, mas, muito claramente, por sua especificidade narrativa:

> O conselho é de fato menos resposta a uma pergunta do que uma proposta que diz respeito à continuidade de uma história que se desenvolve agora. Para recebê-lo seria necessário, primeiro que tudo, saber narrá-la. (Sem levar em conta que uma pessoa só se abre a um conselho na medida em que verbaliza sua situação.)[23]

O conselho só pode ser, portanto, dado se uma história conseguir ser dita, colocada em palavras, e isso não de maneira definitiva ou exaustiva, mas, pelo contrário, com as hesitações, as tentativas, até as angústias de uma história "que se desenvolve agora", que admite, portanto, vários desenvolvimentos possíveis, várias sequências diferentes, várias conclusões desconhecidas que ele pode ajudar não só a escolher, mas mesmo a inventar, na retomada e na transformação por muitos de uma narrativa à primeira vista encerrada na sua soli-

---

22. "Der Erzähler", p. 439; "O Narrador", p. 57.
23. *Idem*, p. 442; trad. bras., p. 59.

dão. Essa bela definição do conselho nos lembra as descrições do processo terapêutico e analítico como também as experiências estéticas de "obras abertas" (Umberto Eco). Mas Benjamin no-la dá, não esqueçamos, para explicar a impossibilidade contemporânea de receber ou de dar conselhos, essa *Ratlosigkeit* ("desorientação", "falta de conselho") generalizada: "O conselho, entretecido na matéria da vida vivida, é sabedoria. A arte de narrar tende para o fim porque o lado épico da verdade, a sabedoria, está agonizando. Mas este é um processo que vem de longe"[24]. O fio "entretecido na matéria da vida" se rompeu, conselho e sabedoria fazem falta. Retomar esse fio, reencontrar uma maneira de tecê-lo não pode se realizar sem mais, por boa vontade terapêutica ou salvadora apressada, por uma espécie de curto-circuito político-utópico. Segundo Benjamin, as grandiosas aporias da literatura contemporânea, aquelas que agem em Proust ou em Kafka, nos advertem da necessidade de uma longa permanência perseverante nesse *no man's land* narrativo, "no avesso do nada", como o dirá a propósito de Kafka[25]; elas deveriam nos impedir também de recorrer rapidamente demais a estas tentativas de "reconciliação apressada" (Adorno), que certas correntes de pensamento religioso ou psicológico fazem brilhar a nossos olhos como a promessa de encontros bem-aventurados.

Se Benjamin resiste (mais que muitos de seus intérpretes) à tentação tão sedutora de afirmar, agora e imediatamente, a presença utópica e consoladora da salvação, é porque o desafio é de grande importância. Com efeito, como sugere o parágrafo X de "O Narrador", trata-se de nada menos que estabelecer uma nova relação com a morte, portanto com a negatividade e com a finitude, o que, aliás, parece orientar numerosas interrogações filosóficas de hoje. O fim da narração e o declínio da experiência são inseparáveis, nos diz Benjamin, das transformações profundas que a morte, como processo social, sofreu no decorrer do século XIX, transformações que correspondem ao desaparecimento da antítese tempo-eternidade na percepção cotidiana – e, como indicam os ensaios sobre Baudelaire, à substituição dessa antítese pela perseguição incessante do novo, a uma redução drástica da experiência do tempo portanto. As estratégias sociais de higiene e de medicina no século XIX são interrogadas por Benjamin com uma acuidade digna das posteriores análises de um Foucault ou de um Ariès; produziram, diz ele, um "efeito secundário que talvez tenha sido seu objetivo principal, embora inconsciente": subtrair os vivos ao olhar dos moribundos e a morte ao olhar dos vivos[26]. Ora, se morrer e narrar têm entre si laços essenciais, pois a autoridade da narração tem sua origem mais autêntica na autoridade

---

24. Idem, ibidem.
25. Cf. Carta de Benjamin a Scholem de 20.7.34, *Briefe*, vol. II, p. 614. Cf. a segunda parte deste capítulo.
26. "Der Erzähler", p. 448; "O Narrador", p. 64.

do agonizante que abre e fecha atrás de nós a porta do verdadeiro desconhecido, então declínio histórico da narração e recalque social do morrer andam juntos. Não se sabe mais contar e, como o caçador Gracchus de Kafka, acontece também que não se consegue mais morrer. Seguindo essas indicações de Benjamin, podemos então arriscar a hipótese de que a construção de um novo tipo de narratividade passa, necessariamente, pelo estabelecimento de uma outra relação, tanto social como individual, com a morte e com o morrer.

Reencontramos a história do vinheiro em seu leito de morte no pequeno conto que Kafka tomou de empréstimo "supostamente"[27] à tradição chinesa, um conto que aparece duas vezes na sua obra e que Benjamin cita várias vezes:

UMA MENSAGEM IMPERIAL

O imperador – assim consta – enviou a você, o só, o súdito lastimável, a minúscula sombra refugiada na mais remota distância diante do sol imperial, exatamente a você o imperador enviou do leito de morte uma mensagem. Fez o mensageiro se ajoelhar ao pé da cama e segredou-lhe a mensagem no ouvido; estava tão empenhado nela que o mandou ainda repeti-la no seu próprio ouvido. Com um aceno de cabeça confirmou a exatidão do que tinha sido dito. E perante todos os que assistem à sua morte – todas as paredes que impedem a vista foram derrubadas e nas amplas escadarias que se lançam ao alto os grandes do reino formam um círculo – perante todos eles o imperador despachou o mensageiro. Este se pôs imediatamente em marcha; é um homem robusto, infatigável; estendendo ora um, ora o outro braço, ele abre caminho na multidão; quando encontra resistência aponta para o peito onde está o símbolo do sol; avança fácil como nenhum outro. Mas a multidão é tão grande, suas moradas não têm fim. Fosse um campo livre que se abrisse, como ele voaria! – e certamente você logo ouviria a esplêndida batida dos seus punhos na porta. Ao invés disso porém; como são vãos os seus esforços; continua sempre forçando a passagem pelos aposentos do palácio mais interno; nunca irá ultrapassá-los; e se o conseguisse nada estaria ganho: teria de percorrer os pátios de ponta a ponta e depois dos pátios o segundo palácio que os circunda; e outra vez escadas e pátios; e novamente um palácio; e assim por diante, durante milênios; e se afinal ele se precipitasse do mais externo dos portões – mas isso não pode acontecer jamais, jamais – só então ele teria diante de si a cidade-sede, o centro do mundo, repleto da própria borra amontoada. Aqui ninguém penetra; muito menos com a mensagem de

---

27. W. Benjamin, Franz Kafka, "Beim Bau der chinesischen Mauer", em *Ges. Sehr.* II-2, p. 676. Trata-se de uma emissão radiofônica transmitida na rádio de Frankfurt em 31 de julho de 1931, portanto três anos antes da redação do ensaio maior consagrado ao mesmo autor: "Franz Kafka. Zur zehnten Wiederkehr seines Todestages", em *Ges. Sehr.* II-2, pp. 409 e ss.; trad. bras., S. P. Rouanet, "Franz Kafka. A Propósito do Décimo Aniversário de sua Morte", *Obras Escolhidas*, vol. I, pp. 137-164. A respeito de Kafka, cf. também as anotações críticas do vol. II-3 das *Ges. Sehr.*, pp. 1153-1276 e 1458-1460.

um morto. – Você no entanto está sentado junto à janela e sonha com ela quando a noite chega[28]. Essa bela história nos introduz àquilo que se poderia chamar, seguindo Benjamin, a mais perfeita narração contemporânea da impossibilidade de narrar. As qualidades do narrador tradicional voltam, distorcidas, invertidas, numa espécie de deformação irônica e dolorosa cuja expressão toda obra de Kafka configura. Assim, em vez de prodigar conselhos, Kafka é, sim, um "grande narrador", mas que "teria comunicado aos outros sua desorientação" (*Ratlosigkeit*)[29]. Com efeito, ele possui "a vantagem inestimável de ser semelhante ao narrador tradicional"[30], de não intervir na sua narrativa, de não pretender a originalidade nenhuma, de ser esta voz "neutra" que Blanchot descreveu admiravelmente[31], enfim, de *se fazer esquecer*, mas todas essas qualidades que o narrador tradicional tirava da rica tradição na qual se enraizava, Kafka, por sua parte, as conquistou a duras penas no terreno solapado de uma tradição morta e de uma identidade em migalhas. Marthe Robert mostrou, de maneira definitiva, o quanto seu *Kanzleideutsch* (lit. "alemão de chancelaria") deve a esta ausência fundamental de "língua materna", pois que o alemão que deseja escrever não é dominado perfeitamente por seus pais, que o tcheco não é a língua da literatura, que ele não sabe o hebraico e que, apesar de seu entusiasmo pela espontaneidade de seus membros, não pode pertencer, à comunidade ídiche[32]. Já em 1931, depois em 1934, com seu grande ensaio sobre Kalka, Benjamin insistia no fato de que essa "doença da tradição"[33] era o cerne dessa obra. Uma tradição não simplesmente ausente (o que poderia permitir sua substituição por outra), mas, ao mesmo tempo, agonizante e todo-poderosa como o imperador chinês cuja mensagem nunca chegará até nós; como também o pai doente de "O Veredito" que, repentinamente cheio de uma força tão inesperada como aniquiladora, manda seu filho à morte. Benjamin insiste com perspicácia nessa presença sufocante das figuras paternas em Kafka, e isso é tanto mais notável quanto ele certamente não leu a famosa *Carta ao Pai*, publicada nos escritos póstumos, em 1957[34]. A ausência de uma interpretação baseada no conflito edipiano – interpretações que deviam flo-

---

28. Como texto separado sob o título "Uma Mensagem Imperial" e no corpo da narrativa "Beim Bau der chinesischen Mauer". Trad. bras., Modesto Carone, em Kafka, *Um Médico Rural*, São Paulo, Brasiliense, 1990, pp. 39-40.
29. "Anotações ao Ensaio sobre Kafka", *Ges. Sehr.* II-3, p. 1233.
30. Marthe Robert, *Seul comme Franz Kafka*, Calmann-Lévy, 1979, Coleção Agora, p. 210.
31. Maurice Blanchot, *De Kafka à Kafka*, Gallimard, 1964, Coleção Idées, em particular as observações sobre a voz narrativa, pp. 180 e ss.
32. Marthe Robert, *op. cit.*, pp. 46 e ss., 69 e ss., 186-210. Da mesma autora cf. também *L'Ancien et le nouveau*, Paris, Payot, 1967, pp. 233 e ss.
33. Cf. carta de 12.6.38 a Scholem, *Briefe*, vol. II, p. 763; trad. bras., Modesto Carone, em *Novos Estudos CEBRAP*, mar. 1993, n. 35, pp. 100-106 (citação p. 105).
34. "Brief an den Vater", em *Hochzeitvorbereitungen auf dem Lande*, Fischer, 1957; trad. bras., Modesto Carone, *Carta ao Pai*, São Paulo, Brasiliense, 1986.

rescer mais tarde com mais ou menos êxito – reforça a hipótese de leitura de Benjamin: se a obra de Kafka descreve, sim, o fim de uma tradição, ela não afirma a necessidade de reencontrar qualquer ancoragem na tranquilidade de um porto. Em particular, ela não deve ser lida como a queixa ou a confissão de um homem que, num mundo sem Deus, partiria em sua busca e, no decorrer de uma peregrinação tão exaltante como esgotante, acabaria por encontrá-lo para seus irmãos. Benjamin recusa com veemência essa interpretação na carta onde critica o livro de Max Brod[35], que descobria nos três romances de Kafka – *O Processo, O Castelo, América* – outras tantas ilustrações do Juízo, do Castigo e da Graça. Essas interpretações edificantes eliminam a especificidade da obra, que se deve tanto ao gênio pessoal de Kafka como à sua situação histórica precisa: a saber, essa longa paciência às vezes desesperada, essa morada exata e atenta no desmoronamento, pois não é possível, ou, pelo menos, ainda não é possível, nem voltar para trás, para uma harmonia ancestral, nem reconstruir um outro mundo. Permanência amarga da qual Kafka não pode dizer nem quando terá fim nem se terá, verdadeiramente, um fim. Essa incerteza, às vezes atroz, às vezes também serena (*heiter*, diz Benjamin)[36], é, no entanto, insuportável o bastante para que muitos leitores, Brod em primeiro lugar, se esforcem a resolvê-la da melhor forma possível; e isso geralmente graças aos recursos inesgotáveis da teologia negativa que permite converter a experiência do nada em seu contrário, na epifania de um Deus esquecido.

Uma resistência semelhante transparece na carta de Benjamin a Scholem, de julho de 1934. Este tinha enviado a seu amigo um poema para acompanhar um exemplar de *O Processo*, uma espécie de interpretação pessoal em forma de hino[37]. Benjamin elogia sua linguagem, reconhece que há, por certo, possibilidade de interpretação teológica de Kafka, que, num certo sentido, ele mesmo a pratica, mas de maneira diferente. Cita depois a quarta estrofe do poema em questão:

Somente assim brilha a revelação
no tempo que te [isto é Deus] rejeitou.
Somente teu nada é a experiência
que ele pode ter de ti[38].

Benjamin se opõe aí discretamente a esses versos para concluir:

Mas quando você escreve: "Somente teu nada é a experiência/que ele pode ter de ti", ali posso justamente acrescentar minha tentativa de interpretação com as seguintes palavras: tentei mostrar como Kafka procurou no

---

35. Na carta citada nota 33.
36. *Idem.*
37. Cf. *Briefe*, vol. II, pp. 610 e ss. A posição de Scholem é bem analisada por Stéphane Moses, *L'ange de l'histoire*, pp. 208-238.
38. Tradução J. M. G. (do poema citado na carta da precedente nota).

avesso desse "nada", no seu forro se assim posso dizer, apalpar a redenção. Por isso qualquer tentativa de superação desse nada, como a entendem os intérpretes teológicos em torno de Brod, teria sido para ele um horror[39].

Não a superação do nada por um qualquer "conteúdo" positivo, mas sim a persistente demora "no avesso desse nada", eis o que a obra de Kafka observa e, igualmente, exige de seus leitores. A "redenção" está a esse preço.

Esta espécie de domesticação dolorosa do nada nos leva à estranha convivência que reina entre os heróis de Kafka e estas figuras do esquecimento e do esquecido que são Odradek, os ajudantes de *O Castelo*, ou mesmo o grande inseto da *Metamorfose*, e quase todas mulheres. Benjamin lhes dá uma dupla significação: enquanto manifestações do esquecimento, essas personagens são as testemunhas de um mundo primitivo "hetaírico", "pré-histórico", que não conseguimos integrar e que só pode surgir como uma ameaça imemorial; mas elas só são verdadeiramente ameaçadoras porque tiveram de ser esquecidas, recalcadas, diz Benjamin[40]. Elas também são as únicas que poderiam ajudar. Sua deformidade nasce desta violência, talvez necessária ao desenvolvimento da civilização, que tentou submetê-las e só o conseguiu pela denegação do esquecimento. Essa *Entstellung* que as caracteriza e que se espalha no resto do mundo é, portanto, ao mesmo tempo, o corolário do esquecimento e sua punição. Eis aí o tema principal de Kafka segundo Benjamin[41]. Mas essa deformação não é somente ameaça; porque nos obriga a recordar aquilo que não lembramos, ela também se inscreve no projeto messiânico de uma reintegração total do universo, incluindo o recalcado e o esquecido. Por isso "a obra de Kafka é uma obra profética"[42]. (É uma pena que a aversão, compreensível certamente, de Benjamin em relação a certas interpretações psicanalíticas o tivesse levado a restringir suas reflexões a uma descrição filogenética, inspirada em Bachofen, do mundo primitivo em Kafka.) Se o esquecimento é, portanto, a culpa essencial em Kafka, uma culpa que só pode ser expiada sem ser conhecida, estes vestígios do esquecido, como Odradek ou o Corcundinha da "Infância Berlinense", indicam, paradoxalmente, o caminho de uma esperança possível – mesmo se ela não existir para nós, como o teria respondido Kafka a Brod[43], mesmo se nem o estudo, nem a oração, nem a escrita conseguem alcançá-la. Assim, a narração se consagra à descrição – quão exata em Kafka! – de itinerários sem

39. *Briefe*, vol. II, p. 614.
40. "Anotações do Ensaio sobre Kafka", *Ges. Sehr.* II-3, p. 1236.
41. "Franz Kafka: Beim Bau der chinesischen Mauer", pp. 678-679; também "Franz Kafka. Zur zehnten Wiederkehr seines Todestages", pp. 431-432; trad. bras., "Franz Kafka. A Propósito do Décimo Aniversário de sua Morte", pp. 158-159.
42. "Franz Kafka: Beim Bau der chinesischen Mauer", p. 678.
43. "Franz Kafka. Zur zehnten Wiederkehr seines Todestages", p. 414, trad. bras., "Franz Kafka. A Propósito do Décimo Aniversário de sua Morte", p. 142.

alvo, mas necessários, pois são os únicos possíveis, pois somente este labor de reconhecimento e de mensuração, que a narrativa inacabada de *O Castelo* evoca, permite medir o avesso de uma redenção tão improvável como urgente.

É notável que alguns comentadores posteriores como Marthe Robert ou Maurice Blanchot tivessem chegado, por vias muito diferentes das de Benjamin e, sem dúvida, independentemente dele, a conclusões similares sobre a importância do esquecimento na obra de Kafka[44]. Blanchot, em particular, vai usar os mesmos termos que os de Benjamin na conhecida carta deste último de 12 de junho de 1938. Ambos comparam a obra de Kafka à *hagadá* (o *corpus* infinito dos comentários) interminável de uma *halakhá* (a lei, a norma, a doutrina) apagada[45]. Reatando com suas reflexões sobre o fim da narração, Benjamin diagnostica em Kafka uma "tradição que ficou doente". Kafka não teria tentado curar essa doença, mas, numa espécie de obstinação serena, tê-la-ia levado até seu fim, desistindo do modelo habitual que dá por tarefa à literatura a expressão de uma verdade exterior e fundadora. Citemos as passagens decisivas desta carta de 12 de junho de 1938:

> A obra de Kafka representa uma doença da tradição. Quis-se ocasionalmente definir a sabedoria como o aspecto narrativo [épico] da verdade. Com isso a sabedoria é assinalada como um patrimônio da tradição; ela é a verdade em sua consistência hagádica.
> É esta consistência da verdade que se perdeu. Kafka estava longe de ser o primeiro a se defrontar com este fato. Muitos se adaptaram a ele aferrando-se à verdade ou àquilo que, caso a caso, consideravam como sendo ela; de coração pesado ou também leve renunciando à sua transmissibilidade. O genial propriamente dito em Kafka foi ter experimentado algo inteiramente novo: ele renunciou à verdade para se agarrar à transmissibilidade, ao elemento hagádico. As criações *[Dichtungen]* de Kafka são pela própria natureza parábolas *[Gleichnisse]*. A miséria e a beleza delas, porém, é que tiveram de se tornar *mais* que parábolas. Elas não se deitam pura e simplesmente aos pés da doutrina, como a Hagadá aos pés da Halakhá. Uma vez deitadas elas levantam contra esta, inadvertidamente, uma pata de peso[46].

Segundo essa carta, o esquecimento não é só, em Kafka, o tema profundo da obra, mas bem a lei secreta de sua produção. É porque o texto inaugural da *halakhá* escapa à nossa apreensão – perdido na poeira dos séculos ou esquecido por uma humanidade negligente ou ainda indiscernível entre tantos outros livros, pouco importa –

---

44. Marthe Robert, *L'ancien et le nouveau*, pp. 233 e ss. e Maurice Blanchot, *De Kafka à Kafka*, pp. 171-201.
45. Maurice Blanchot, *op. cit.*
46. Carta já citada de 12.6.38, *Briefe*, II, p. 763. Tradução *Novos Estudos CEBRAP*, pp. 105-106.

que as narrativas de Kafka, semelhantes aos comentários hagádicos de uma lei desaparecida, adquirem uma dinâmica própria. O esquecimento da tradição sagrada ou profana que autorizava até então toda tomada de palavra ou de escrita engendra esta narratividade neutra, sem laços nem apoios, que manifestam os textos de Kafka. Daí a crueldade dessas narrativas nas quais a autoridade pode se transformar num arbítrio tanto mais poderoso quanto ele não remete a nenhum fundamento, fora a um morto, como na *Colônia Penal*; mas daí também sua estranha serenidade[47], pois a palavra, aliviada da preocupação com a origem, assume seu percurso arbitrário e reinventa sua própria lei, durável e já obsoleta, como o testemunha o edifício magnífico e fragmentário da *Muralha da China*. O desmoronamento da tradição termina sendo, por fim, o único lugar de uma retomada inventiva da origem "perdida": uma invenção que nada na história pode garantir, mas que tudo chama a realizar-se. Essa dinâmica, a teoria da alegoria já a descrevia, como Lukács, com toda razão, o havia reconhecido ao ler nela uma teoria da modernidade, em particular da literatura moderna representada por Kafka[48]. Esse movimento descreve igualmente o próprio percurso da metáfora que tem sua fonte no sentido "literal", mas o deixa desde sempre e, de transferência em transferência, acaba por prescindir dele. Assim, na bela comparação de Benjamin, as "parábolas" de Kafka, primeiro deitadas docemente aos pés da doutrina como pequenas feras domadas, tomam sua independência e até ameaçam derrubá-la de um soco.

O esquecimento seria assim mais que um simples tema em Kafka. Se o esquecimento da tradição, em particular da Lei[49], é bem a culpa desconhecida que deve ser expiada indefinidamente, esta espécie de vazio turvo e inquieto no qual se movem as personagens de Kafka é o indício de uma outra lei: a da literatura que poderia, então, ser definida, não só como a reapropriação do real na alegria de palavras clarividentes, mas também, e talvez mais ainda, como a passagem obrigatória por uma falta que não sabe o que lhe faz falta, por uma insuficiência crônica que não conhece nenhum remédio e, por isso, continua procurando pelas palavras. Nessas intermitências inglórias, o esquecimento parece bem ser condição de memória como, em certas peças de música, o baixo contínuo a partir do qual se eleva o traçado da música. Comentando a narração "neutra" de Kafka, Blanchot afirma: "E a narração, independentemente de seu conteúdo, que é esquecimento, de maneira que contar significa se pôr à prova deste esquecimento primeiro que precede, funda e arruína toda memória"[50]. "Prova" amarga que Kafka suporta ao mesmo tempo

---

47. "Heiterkeit", *op. cit.*
48. Cf. nosso capítulo 2.
49. Stéphane Moses, *L'Ange de l'histoire*, pp. 215 e ss.
50. Maurice Blanchot, *De Kafka à Kafka*, p. 181.

com teimosia e lucidez, pois ela desenha o território inóspito, mas único, da escrita.

Este tema do esquecimento fundador volta sob a pena de Benjamin quando ele fala da outra grande figura de escritor exposto à decomposição da tradição: Marcel Proust; é necessário ressaltá-lo, pois, para uma parte importante da crítica, Proust seria, pelo contrário, o cantor da memória e do passado reencontrados. Ora, para Benjamin, a empresa proustiana, na sua desmedida redentora, nasce justamente desta contradição essencial entre o perecer da memória e o desejo de conservar, de resguardar, de salvar o passado do esquecimento. Ela nos dá a ver "as medidas necessárias à restauração da figura do narrador para a atualidade [o presente]"[51]. Proust tenta reproduzir, por meios sintéticos, artificiais portanto, a grande experiência que fundava naturalmente a narração tradicional e que nossa sociedade moderna aboliu definitivamente[52]. Ao mesmo tempo, sua obra é "o resultado de uma síntese impossível [inconstrutível]"[53], fracasso cuja grandeza ultrapassa de longe o que poderia ter sido o pretenso êxito desse desígnio de restauração. Não é, portanto, porque Proust se lembra que ele conta, mas porque ele só se lembra no mais profundo do esquecimento. Benjamin ressalta que a "memória involuntária" é mais próxima do esquecimento que da memória e que no "tecido do lembrar, no trabalho de Penélope da rememoração", o que transparece, o que também volta à superfície da narrativa são os "ornamentos do olvido"[54].

Tocamos aqui uma outra face desse rosto escondido do esquecimento, um aspecto que nos introduzirá a nosso próximo capítulo, consagrado à "Infância Berlinense". Trata-se desta atividade surpreendente, às vezes ameaçadora, mas também subversiva e renovadora, que o esquecimento exerce à nossa revelia, pelo menos à revelia de nossa história consciente, isto é, aquela que contamos a nós mesmos em toda boa ou má consciência. Deixemos Proust evocar este transtorno feliz:

Sim, se, graças ao esquecimento, não pôde estabelecer nenhum laço, tecer malha alguma entre si e o momento presente, se ficou em seu lugar, em seu tempo, se conservou sua distância, seu isolamento no côncavo de um vale ou no cimo de uma montanha, a recordação faz-nos respirar de repente

---

51. W. Benjamin, "Über einige Motive bei Baudelaire", *Ges. Sehr.* 1-2, p. 611. Trad. bras., Hemerson Alves Batista, em *Obras Escolhidas*, vol. III, São Paulo, Brasiliense, 1989, "Sobre Alguns Temas em Baudelaire", p. 107.
52. "Über einige Motive bei Baudelaire", p. 609; "Sobre Alguns Temas em Baudelaire", p. 105.
53. "Zum Bilde Prousts", *Ges. Schr.* II-l, p. 310; trad. bras., "A Imagem de Proust", *Obras Escolhidas*, vol. I, p. 36.
54. "Zum Bilde Prousts", p. 311; "A Imagem de Proust", p. 37. Rouanet traduz geralmente *Erinnerung* por rememoração e *Eingedenken* por reminiscência. Prefiro traduzir esta última palavra por rememoração, para ressaltar a sua ligação a um contexto litúrgico e religioso enquanto *Erinnerung* é por mim traduzido, geralmente, por "lembrança" ou, mais ativo, "lembrar".

um ar novo, precisamente por ser um ar outrora respirado, o ar mais puro que os poetas tentaram em vão fazer reinar no Paraíso, e que não determinaria essa sensação profunda de renovação se já não houvesse sido respirado, pois os verdadeiros paraísos são os que perdemos[55].

---

55. Marcel Proust, *Le Temps Retrouvé*, Paris, Pleiade, 1954, p. 870. Trad. bras., Lúcia Miguel Pereira, *O Tempo Redescoberto*, Porto Alegre e Rio de Janeiro, Globo, 1983, p. 123.

4. A Criança no Limiar do Labirinto

Em homenagem a Paul Ricoeur

Se escrevo um alemão melhor que a maior parte dos escritores da minha geração, devo-o principalmente à observação, durante uns vinte anos, de uma única regrinha. Ei-la: nunca usar a palavra "eu" a não ser nas cartas[1].

Walter Benjamin escreve estas palavras nas primeiras páginas da sua "Crônica Berlinense" ("Berliner Chronik"), texto que redigiu provavelmente no início de 1932 em Ibiza, que deixou inacabado, ou melhor, que transformou, no decorrer do mesmo ano, depois em 1933, na pequena obra-prima intitulada "Infância em Berlim por Volta de 1900" ("Berliner Kindheit um Neunzehnhundert")[2]. A "Crônica Berlinense" devia responder à proposta da revista *Literarische Welt*, que pediu a Benjamin um ensaio autobiográfico sobre sua cidade natal, uma sequência de impressões cotidianas e subjetivas de uma criança no início do século. Justamente este aspecto autobiográfico criará problemas

---

1. W. Benjamin, "Berliner Chronik", em *Ges. Sehr.* VI, Frankfurt am Main, 1985, p. 475. Citado como "Crônica Berlinense" ou "Berliner Chronik".
2. Em *Ges. Sehr.* IV-1, Frankfurt am Main, 1972. Cito a paginação do vol. IV e não a do vol. VII (1989) (*Fassung letzter Hand*) que não apresenta diferenças essenciais, fora a ordem dos textos, pois a primeira foi usada pelos comentadores mais importantes, como Anna Stüssi ou Peter Szondi. Citado, de maneira abreviada, como "Berliner Kindheit". Trad. bras., José Carlos Martins Barbosa, "Infância em Berlim por Volta de 1900", *Obras Escolhidas*, vol. II, São Paulo, Brasiliense, 1987. Citado como "Infância Berlinense"... (trad. mais fiel ao original que "em Berlim"!)

para um escritor que, esquecendo-se da sua habitual modéstia, se gaba de escrever melhor que seus colegas porque usa a primeira pessoa somente nas suas cartas. Jogando com o duplo sentido, gramatical e filosófico, da palavra, Benjamin declara que foi difícil para esse *sujeito* "acostumado a ficar durante anos no segundo plano" simplesmente "subir ao palco"[3]. Este sujeito tímido, continua Benjamin, não tentou protestar ou resistir, mas adotou os desvios do ardil: assim, o que na origem devia ser um prefácio, adquiriu as dimensões do próprio livro. Este crescimento surpreendente não é a obra do si consciente, mas, nos diz Benjamin, "a obra secreta da lembrança – que, de fato, é a capacidade de infinitas interpolações naquilo que foi –"; também é, e ao mesmo tempo, "a precaução do sujeito que pode exigir que o seu 'eu' o represente, não o venda"[4]. Esta metáfora notável dissocia o sujeito do seu "eu" para estabelecer entre eles uma relação de representação no sentido político do termo (*Vertretung*, não *Vorstellung!*): como um deputado leal, o "eu" tem por tarefa a defesa dos interesses do sujeito, em vez de vender, enganar ou traí-lo. Isto significa, no mínimo, o seguinte: o "eu" e o sujeito não são nem idênticos nem intercambiáveis; não seria correto confundir o sujeito com este pronome que só faz representá-lo perante as instâncias do diálogo interpessoal, na oposição tão bem descrita por Benveniste entre a primeira e a segunda pessoa. Poderíamos ainda nos arriscar a dizer que esta dialética, no mínimo inabitual, como o demonstra a sintaxe complicada dos pronomes neste texto, que esta dialética então nos sugere que, aqui, o sujeito é muito mais do que a sua expressão pessoal, que, portanto, reduzi-lo a isto seria incorreto, como seria incorreto cair na armadilha (*Attrape*) do "eu" – uma armadilha à qual Proust soube escapar daí também, segundo Benjamin, a grandeza da *Recherche*[5]. Mas então como compreender quem é este sujeito que, além disso, tenta contar sua vida? A leitura da "Crônica Berlinense" e da "Infância Berlinense" me leva à seguinte hipótese que eu gostaria de desenvolver neste capítulo: na sua prática autobiográfica, Benjamin nos propõe uma concepção do sujeito que, seguindo a herança de Proust e de Freud, não o restringe à afirmação da consciência de si, mas o abre às dimensões involuntárias, diria Proust, inconscientes, diria Freud, da vida psíquica[6], em particular da vida da lembrança e, inseparavelmente, da vida do esquecimento. Esta abertura, eis minha segunda hipótese, consiste igualmente numa ampliação da dimensão social do sujeito que, renunciando à clausura tranquilizante, mas também à sufocação da particularidade individual,

---

3. "Berliner Chronik", p. 476.
4. *Idem, ibidem.*
5. "Zum Bilde Prousts", p. 314; trad. bras., "A Imagem de Proust", pp. 40-41 (trad. modificada).
6. Sobre a relação de Benjamin e Freud, cf. S. P. Rouanet, *Édipo e o Anjo*; mais recentemente Jutta Wiegmann, *Psychoanalytische Geschichtstheorie. Eine Studie zur Freud – Rezeption Walter Benjamins*, Bonn, Bouvier Verlag, 1989.

é atravessado pelas ondas de desejos, de revoltas, de desesperos coletivos. Esta ampliação ao mesmo tempo política e filosófico-psicológica do conceito de sujeito me parece essencial para uma reflexão que tente pensar a nossa prática histórica, isto é, como contamos a nossa história e como agimos nela. Uma reflexão que deveria conseguir evitar tanto as armadilhas de um individualismo triunfante (tanto mais arrogante quanto, considerando-se a desagregação do socialismo dito "real", as aspirações e as lutas sociais são postas de lado meio rapidamente) quanto as ilusões de uma consciência soberana que pretende obedecer somente às regras da competência linguística. Deixemos estas polêmicas para uma futura discussão; agora gostaria apenas de indicar rapidamente os principais tempos deste capítulo, constituindo eles várias tentativas de aproximação desta problemática do sujeito que está no centro das atuais discussões sobre o pensamento de Benjamin, em particular sobre sua filosofia da história – uma problemática já ressaltada por Adorno quando afirma: "Em todas as suas fases Benjamin pensou simultaneamente o ocaso do sujeito e a salvação do ser humano"[7].

Perguntar-nos-emos primeiro sobre o inacabamento da "Berliner Chronik" sua transformação em "Berliner Kindheit"; com efeito, esta mudança me parece indicar um deslocamento da questão do "pacto autobiográfico"[8]: à problemática tentadora mas quão ilusória da sinceridade, problemática constitutiva das narrações de si desde Agostinho até Rousseau[9], Benjamin substitui, nas pegadas de Proust, a questão da perda irremediável do passado e, não obstante, da sua salvação (*Rettung*), em particular aqui a perda e a salvação da infância como modo privilegiado de percepção[10]. O contexto deste questionamento é o da discussão, muito presente na esquerda da época, a respeito da herança cultural (*Erbe*), uma discussão que Benjamin aprofunda, graças, certamente, à sua proximidade do judaísmo, colocando a questão do estatuto da tradição, em particular das suas condições de possibilidade históricas e narrativas. Este questionamento da tradição também é, inseparavelmente, um questionamento da nossa concepção da identidade pessoal. Apoiando-me nas notáveis reflexões de Paul Ricoeur, tentarei mostrar o quanto a prática autobiográfica de Benjamin coloca em questão aquilo que Ricoeur chama de identidade-mesmidade para desdobrar o leque das figuras da ipseidade.

7. Theodor W. Adorno, *Über Walter Benjamin*, Frankfurt am Main, Suhrkamp,1970, p. 14. Trad. bras., em *Adorno, Sociologia*, textos traduzidos por Gabriel Cohn, São Paulo, Atica, Coleção Grandes Cientistas Sociais, 1986, p. 190.
8. Segundo a feliz expressão de Philippe Lejeune no livro com o mesmo título, Paris, Seuil, 1975.
9. A este respeito cf. Jean Starobinski, "Le style de l'autobiographie", *Poétique* n. 3, Paris, Seuil, 1970.
10. Este capítulo deve muito às reflexões de Giorgio Agamben, em particular a seu livro *Enfance et Historie*, Paris, Payot, 1989. Cf. igualmente Hans-Thies Lehmann, "Remarques sur l'idée d'enfance dans la pensée de Walter Benjamin", em *Walter Benjamin et Paris*, pp. 71-89.

Na base deste quadro teórico mais amplo, estudaremos uma imagem essencial da "Infância Berlinense", a imagem do labirinto, metáfora ao mesmo tempo das relações temporais entre presente, passado e futuro e das relações privilegiadas que o sujeito entretém consigo mesmo pelos descaminhos do amor, das viagens, da leitura e da escrita. As ressonâncias proustianas desses temas não poderão nos fazer esquecer as diferenças essenciais que separam Benjamin de Proust, diferenças ressaltadas, com pertinência, por Peter Szondi, Krista Greffrath e Anna Stüssi[11]. Tentaremos mostrar que a diferença em relação ao tempo (e à morte) em Proust e em Benjamin também é uma diferença em relação ao destino do sujeito narrativo: em Proust, ele é salvo pela realização de sua vocação artística enfim reconhecida; em Benjamin, pela realização da ação política, isto é, paradoxalmente, pelo retraimento do ego perante as exigências da luta social. Este paradoxo nos ajudará a melhor circunscrever o estatuto destas lembranças de infância que talvez sejam também, ou principalmente, esboços incertos, mas imperiosos, do futuro.

A diferença entre a "Crônica Berlinense" e a "Infância Berlinense" chamou a atenção de todos os comentadores. Gershom Scholem, que publicou o manuscrito da "Crônica Berlinense" em 1970, ressalta-a e a caracteriza da seguinte maneira: "[...] em vez de anotações imediatamente mais autobiográficas de lembranças ou de acontecimentos da sua infância, do seu tempo de escola e da universidade", Benjamin limitar-se-ia a evocar "lembranças da sua infância, transformando-as poeticamente e literariamente"[12]. Scholem sente muito bem que a "Infância Berlinense" nasce de uma recusa do estilo clássico da autobiografia, mas ele não explicita as razões dessa desconfiança e se sai um pouco rapidamente demais ao julgar o texto definitivo mais "poético" e mais "literário". Gostaria de circunscrever melhor estas razões. Uma delas é certamente existencial, como já o observou Bernd Witte[13]: com efeito, chama a atenção o fato de Benjamin abandonar o texto da "Crônica Berlinense" e começar a redigir o da "Infância Berlinense" pouco depois de julho de 1932, isto é, pouco depois do seu quadragésimo aniversário, sobretudo pouco depois de ter desistido de se matar neste dia, como parece ter sido a sua firme intenção. A proximidade da morte, um tema recor-

---

11. Peter Szondi, "Hoffnung im Vergangenen. Ueber Walter Benjamin", em *Satz und Gegensatz*, Frankfurt am Main, Suhrkamp, 1976, pp. 79 e ss. Krista Greffrath, *Metaphorischer Materialismus, op. cit.*, Anna Stüssi, *Erinnerung an die Zukunft, op. cit.* Esse capítulo se apoia muito nas análises atentas e perspicazes de Anna Stüssi.
12. Gershom Scholem, "Posfácio" à primeira edição da "Berliner Chronik", Frankfurt am Main, Suhrkamp, 1970, p. 125.
13. Bernd Witte, "Paris – Berlin – Paris. Zum Zusammenhang von individueller, literarischer und gesellschaftlicher Erfahrung in Walter Benjamins Spätwerk", em *Passagen. Walter Benjamins Urgeschichte des neunzehten Jahrhunderts*, textos reunidos e apresentados por N. Bolz e B. Witte, W. Fink Verlag, 1984, pp. 17-18. München, trad. em *Walter Benjamin et Paris*, p. 50.

rente e central da "Infância Berlinense", poderia ter acarretado como que uma torção decisiva na visão que Benjamin deseja transmitir da sua própria vida: como se tivesse descoberto que a sua vida estritamente singular, justamente a vida deste "eu" particular que, numa carta da época a Scholem[14], ele comparou a uma sequência de derrotas, que esta vida então só adquiria sentido no pano de fundo de uma "experiência histórica"[15] mais ampla, característica de uma infância citadina e burguesa que ia ter de renunciar, em breve, aos seus privilégios[16]. Assim como Witte o ressaltou igualmente, a lei de estruturação da obra não podia mais ser o fio das lembranças pessoais e a história – ou a *crônica* – de uma vida, mas devia reconstruir, além da intensidade das lembranças individuais, a densidade de uma memória pessoal e coletiva. Numa outra carta a Scholem, Benjamin declara que os textos da "Infância Berlinense" "não contam de maneira alguma sob a forma de uma *crônica*, mas apresentam diversas expedições na profundeza da lembrança"[17].

Ora, o grande especialista de tais expedições, Benjamin o conhecia em demasia: Marcel Proust. Como escrever sobre sua infância sem cair nas seduções anedóticas da história particular nem na repetição do projeto proustiano? Este me parece ser o dilema de Benjamin. Assim, a admiração por Proust, mas também a tomada de distância, e até mesmo a crítica em relação a ele, nos fornecem com certeza elementos decisivos para a compreensão da construção da "Infância Berlinense", em particular da distância que a separa da "célula originária"[18] da "Crônica Berlinense". A já citada definição da lembrança como esta "capacidade de interpolações infinitas naquilo que foi" é profundamente proustiana como o testemunha a adjunção, sempre recomeçada, das famosas *paperolles*. Em todos os seus comentários, Benjamin insiste no caráter infinito do lembrar proustiano, infinito que mina calma e eficazmente a ideia de um "eu" bem definido e definível. Se a *Recherche* vive dessa dispersão vertiginosa e criadora do sujeito narrativo e, por isso, transforma radicalmente a nossa visão da autobiografia – pois o *autos* não é mais o mesmo, o *bios* explode em várias vidas que se entrecruzam e a *grafia* segue o entrelaçamento de diversos tempos que não são ordenados por nenhuma linearidade exclusiva – no entanto, o jogo proustiano não será retomado por Benjamin. Uma passagem essencial da "Crô-

14. Carta de 26 de julho de 1932, em *Briefe* II, p. 556.
15. Cf. o "Vorwort" ("Prefácio ") de Benjamin à última versão da "Infância Berlinense", in *Ges. Sehr.* VII, Frankfurt am Main. Suhrkamp, 1989, p. 385. Citado como "Vorwort".
16. *Idem, ibidem.*
17. Carta a Scholem de 26 de setembro de 1932, em W. Benjamin e G. Scholem, *Briefwechsel*, Frankfurt am Main, Suhrkamp, 1980, p. 28. Trad. bras., *Correspondência*, São Paulo, Perspectiva, 1993; citado também por B. Witte, *op. cit.* Sublinhado por J. M. G.
18. Expressão de Scholem no seu "Posfácio" à "Crônica Berlinense", p. 125.

nica Berlinense"[19] nos indica por quê. Benjamin acaba de mencionar os diversos guias que o (re)introduziram na sua cidade natal, que lhe permitiram escrever sobre ela embora nela não more mais. A primeira forma de escrita, nos diz ele, a mais importante, portanto, mas também aquela a que teve que renunciar para poder encontrar a sua própria, é a escrita proustiana. Foi a tradução dessa obra, nos diz ele ainda, que lhe permitiu realizar esta renúncia. E acrescenta, explicitando a impossibilidade de continuar jogando o jogo proustiano:

O que Proust iniciou de maneira tão lúdica tornou-se de uma seriedade de tirar o fôlego. Quem, um dia, começou a abrir o leque da lembrança, sempre encontra novos segmentos, novos bastõezinhos, nenhuma imagem lhe basta, pois reconheceu o seguinte: ela se deixaria desdobrar, somente nas dobras está o verdadeiro (*das Eigentliche*): esta imagem, este gosto, este toque em vista do qual abrimos, desdobramos tudo isso; e agora a lembrança vai do pequeno ao menor, dos menores ao mais minúsculo e aquilo que vem ao seu encontro nestes microcosmos adquire uma violência cada vez maior. Eis o jogo mortal pelo qual Proust se deixou levar e para o qual ele terá ainda mais dificuldade em encontrar sucessores do que precisou de parceiros para jogá-lo[20].

Este texto me parece notável sob vários aspectos. Primeiro, descreve maravilhosamente o itinerário proustiano, este início tão lúdico, leviano, quase frívolo – pensemos num livro como *Os Prazeres e os Dias* – que, pouco a pouco, se torna tão sério que tira o fôlego, lembrando a luta do escritor asmático contra o tempo e contra a morte. Mas as observações seguintes sobre as infinitas possibilidades do lembrar, este leque de inúmeras dobras, não caracterizam somente a paixão proustiana: elas também constituem a descrição exata desse desejo de restituição integral ou de *apokatastasis* que Benjamin evoca em termos muito semelhantes[21]. A dinâmica do lembrar (*Erinnerung*), que guia a escrita proustiana, e a exigência da historiografia benjaminiana salvadora de um passado esquecido, desconhecido ou recalcado, se juntam, portanto, neste movimento infinito e microscópico até infinitesimal, no sentido de Leibniz[22]. Mas Benjamin também nos diz que renunciou a escrever como Proust e até conclui que o "jogo" proustiano é "mortal". Por que esta renúncia? Por que chama este jogo de mortal? Responder a estas questões deve nos permitir entender melhor até que ponto Benjamin redige a "Infância Berlinense" como uma espécie de homenagem, certamente, à obra proustiana, mas também, e paradoxalmente, como a despedida definitiva da tentação que esta representava para seu tradutor, despedida necessária

---

19. "Berliner Chronik", pp. 467 468.
20. *Idem*, trad. J. M. G.
21. Notadamente no "Passagen-Werk", *Ges. Sehr.* V, p. 573, fragmento Nia, 3.
22. Cf. Raimar Stefan Zons, "Annäherungen an die 'Passagen'", in N. Bolz e B. Witte, *Passagen. Walter Benjamins Urgeschichte des neunzehnten Jahrhunderts*, p. 66.

que a "Crônica Berlinense" inaugura e que se realiza plenamente na "Infância Berlinense". Responder a estas questões também me parece essencial se quisermos precisar os aspectos *não* proustianos da filosofia da história benjaminiana e, igualmente, até que ponto seu projeto historiográfico não é o projeto do historicismo, do qual tenderia, caso contrário, a se aproximar perigosamente.

Alguns elementos de resposta nos são fornecidos pela frase conclusiva de Benjamin, segundo a qual o "jogo mortal" de Proust não lhe permitia ter "sucessores", da mesma maneira que não teve parceiros de jogo. Há aqui uma crítica quase não velada às condições de produção individualistas de Proust, crítica, aliás, retomada por Benjamin no seu ensaio sobre Baudelaire[23]. Para melhor se consagrar ao jogo do lembrar, Proust deve cumprir ao extremo todos os rituais do escritor burguês, ao mesmo tempo genial e solitário, rituais celebrados por boa parte da literatura e da crítica como sendo signos de uma vocação inefável. Mas atrás desta observação surge uma suspeita mais geral: será que a solidão cultivada pelo escritor não lhe permitiu entregar-se com prazer aos jogos infinitos do lembrar, mesmo que esse jogo seja também uma luta contra a morte? Em outros termos: o isolamento de Proust não é simplesmente o objeto de uma crítica moralizadora de esquerda: esta solidão é muito mais cúmplice da dimensão de mau infinito que, ao lado da sua potência salvadora, caracteriza *também* a *Erinnerung*. A grandeza da *Recherche* é ter ousado entregar-se, pelo viés da memória involuntária, à dinâmica imprevisível do lembrar, dinâmica que submete a soberania do sujeito consciente à prova temível da perda, da dispersão e, como ressalta Benjamin no seu ensaio sobre Proust, do esquecimento[24]. O risco aí consiste na transfiguração desse desapossamento de si mesmo numa espécie de devaneio complacente e infinito do qual o sujeito não mais quer emergir. Vemos formar-se aqui esta noção fundamental do *Passagen-Werk*, noção que se origina na crítica benjaminiana ao surrealismo (em particular ao *Camponês de Paris*, livro criticado e adorado), a noção do *despertar*. Exigência política e ética não de parar de sonhar, porém, muito mais, de juntar energia suficiente para confrontar o sonho e a vigília e agir, em consequência, sobre o real. Como, para Benjamin, esta ação só pode ser a ação revolucionária, percebemos agora melhor a ambiguidade desta solidão defendida pelo escritor tradicional: ela também é um refúgio contra uma realidade insuportável que deveria ser enfrentada e transformada não só pela força da imaginação pessoal, mas também pela força da ação coletiva. Este momento do despertar, de concentração de energias,

---

23. W. Benjamin, "Über einige Motive bei Baudelaire", *Ges. Sehr.* 1-2, pp. 610-611; trad. bras., "Sobre Alguns Temas em Baudelaire", *Obras Escolhidas*, vol. III, pp. 106-107.
24. "Zum Bilde Prousts", p. 311; trad. bras., "A Imagem de Proust", *Obras Escolhidas*, vol. I, p. 37.

de tensão de todas as forças do sujeito prenhe das riquezas da lembrança, mas respondendo ao apelo do presente, este momento altamente político é afirmado várias vezes nas teses "Sobre o Conceito de História". É o momento da construção consciente, o *Kairos* da intervenção decisiva que para o curso do tempo, que quebra o mau infinito do desenrolar histórico. O conceito benjaminiano de *Eingedenken* (rememoração) me parece exprimir esta necessidade de recapitulação atenta sem a qual a *Erinnerung* segue o seu fluxo incansável, continua a desenrolar-se só para si mesma, não tem *fim* no duplo sentido da palavra: nunca cessa e não desemboca em nada além de seu próprio movimento. A filosofia da história de Benjamin insiste nestes dois componentes da memória: na dinâmica infinita de *Erinnerung*, que submerge a memória individual e restrita, mas também na concentração do *Eingedenken*, que interrompe o rio, que recolhe, num só instante privilegiado, as migalhas dispersas do passado para oferecê-las à atenção do presente. As *imagens dialéticas* nascem da profusão da lembrança, mas só adquirem uma forma verdadeira através da intensidade imobilizadora da rememoração[25].

Voltemos à "Crônica Berlinense" e à "Infância Berlinense"; podemos agora propor a seguinte hipótese a respeito da transformação da primeira na sobriedade da segunda: Benjamin desiste pouco a pouco da forma autobiográfica clássica que segue o escoamento do tempo vivido pelo autor, uma forma já bastante questionada na "Crônica Berlinense", para concentrar-se na construção de uma série finita de imagens exemplares, mônadas (para usarmos um dos seus conceitos preferidos) privilegiadas que retêm a extensão do tempo na intensidade de uma vibração, de um relâmpago, do *Kairos*. Estas miniaturas de sentido são finitas, pois o seu acabamento estético é a condição da sua significação. São igualmente finitas porque o "eu" que nelas se diz não fala somente para se lembrar de si, mas também porque deve ceder lugar a algo outro que não si mesmo.

Com efeito, Benjamin insiste várias vezes na sua tentativa de captar, de reter imagens nas quais uma experiência muito maior que o vivido consciente e individual do narrador se depositou: a experiência da grande cidade tal como ela se apresenta a uma criança da classe burguesa, no início do século, e isto apesar de todas as estratégias familiares e sociais para esconder a existência dos outros, dos pobres e dos revoltados, da miséria e da morte. Anna Stüssi mostra muito bem como a criança é sufocada nestes apartamentos nos quais nem "a miséria" nem mesmo "a morte" podiam "ter um lugar"[26], como ela se sente aí ao mesmo tempo abrigada e ameaçada, privilegiando estes lugares intermediários, com estatuto impreciso, tais como os pátios internos e suas varandas, os corredores com seus

---

25. Cf. a este respeito "Berliner Chronik", p. 488.
26. "Berliner Kindheit", p. 258; trad. bras., "Infância em Berlim por Volta de 1900", *Obras Escolhidas*, vol. II, p. 96.

guarda-roupas, as dependências dos domésticos, estes lugares que são como limiares, como acessos ao outro mundo terrificante e fascinante do trabalho e da pobreza, ousemos a palavra: do proletariado[27]. Mesma ambiguidade em relação à "infelicidade", isto é, para uma criança da classe burguesa, em relação a tudo o que poderia destruir a propriedade privada e, numa secreta atração, ameaçar a onipotência parental: os ladrões, os incendiários, os revolucionários. A beleza destas imagens não nasce da nostalgia do adulto ou da transfiguração, tão comum, da infância. Benjamin não evoca nenhum paraíso perdido. Ao contrário, segundo suas próprias palavras[28], estas imagens devem "vacinar" contra a saudade e a nostalgia (*Sehnsucht*) o adulto exilado da sua cidade natal. Porque as imagens da infância, muitas vezes, nos fazem correr este risco sentimental, justamente por isso elas também produzem uma vacina eficaz. Sua beleza não surge da saudade, mas da lucidez, do "discernimento" que compreende "a impossibilidade não contingente e autobiográfica, mas sim necessária e social, da volta do passado"[29].

Ao ler estas declarações tão firmes – declarações que, podemos notá-lo rapidamente, não confirmam o chavão de um Benjamin supremamente melancólico-, poderíamos quase temer ler lembranças de infância realistas e sociologizantes. Os leitores da "Infância Berlinense" sabem que, felizmente, não é nada disso. As descobertas da percepção infantil aqui descritas passam por uma tríplice mediação, sendo, ela também, continuamente tematizada: a mediação do tempo, isto é, desse jogo recíproco entre o olhar cheio de expectativas da criança e o olhar posterior do adulto que sabe da realização ou da derrota destas expectativas; a mediação do espaço, pois é o escritor exilado que escreve sobre sua cidade natal, na convicção de que nunca voltará aí ou, então, voltará por pouco tempo (o olhar sobre Berlim está, portanto, profundamente impregnado pelos olhares sobre Paris, o do autor e o de outros autores); a mediação, por fim, específica da percepção infantil enquanto tal, em particular de tudo o que a torna, aos olhares dos adultos, ingênua, sim, crédula, incompleta e canhestra. A "Infância Berlinense" propõe muitos exemplos desta incompetência infantil reveladora de uma verdade que os adultos não podem nem querem ouvir. Verdade política da presença constante e subterrânea dos vencidos, humilhados, que a criança, por sua pequenez, percebe na pálida luz dos respiradouros (*O Corcundinha*) ou nas figuras secundárias das bases das estátuas e das colunas de vitória (*Coluna de Vitória*). Verdade que atrapalha e que é reforçada por uma

---

27. Sobre a importância da noção de "limiar" em W. Benjamin, cf. W. Menninghaus, *Schwellenkunde. Walter Benjamins Passage des Mythos*, Frankfurt am Main, Suhrkamp, 1986.
28. "Vorwort" ("Prefácio") à última redação da "Infância Berlinense", *Ges. Sehr.* VII, p. 385.
29. *Idem, ibidem.*

outra incapacidade infantil: a de não entender "certo" as palavras, estes mal-entendidos infantis que nem sempre são engraçados; Benjamin lhes consagra páginas extraordinárias e insiste no acesso privilegiado à linguagem que a criança ainda tem, pois, para ela, as palavras não são primeiro instrumentos de comunicação, mas, sim, "cavernas" a serem exploradas[30] ou "nuvens" nas quais se envolve e desaparece, como o velho pintor chinês que entra na sua última tela para desaparecer na casa desenhada no fim do caminho[31]. Estas reflexões sobre a *capacidade mimética* serão retomadas em dois textos teóricos sobre a linguagem, "o mais completo arquivo da semelhança não sensível"[32]. Sem demorar-me nos ricos conceitos benjaminianos de semelhança e de *mimesis*, gostaria de realçar que estas deformações e estes deslocamentos linguísticos infantis são sempre mencionados como apontando para aspectos desconhecidos, negados ou recalcados, que as coisas e as palavras, se cessarmos de considerá-las unicamente no seu contexto instrumental, nos lançam à cara: "O mal--entendido, longe de ser um simples não-entender, se revela como entendimento do não-entendido nos objetos"[33], comenta Anna Stüssi. Este procedimento muito próximo do de Freud (e Benjamin sabia desta proximidade) introduz nas lembranças de infância a dimensão do inconsciente e do esquecimento, dimensão certamente angustiante, mas imprescindível à retomada, pelo presente e para o presente, do passado histórico ou autobiográfico.

Neste contexto, é notável que Benjamin, desde o início da redação da "Infância Berlinense", sempre tenha determinado qual seria o último texto da coletânea: *O Corcundinha*. Como já tentamos mostrá-lo num outro texto[34], o Corcundinha é o representante privilegiado da inabilidade, do fracasso e do esquecimento, ou, ainda, de tudo o que escapa à soberania do sujeito consciente e marca tão profundamente a criança que não adquiriu a "segurança" do adulto. Neste último texto, Benjamin opera uma inversão narrativa: esta sequência de imagens da "vida inteira, que, como se diz, desfila aos olhos dos agonizantes", a sua chave é o Corcundinha que detém, pois encarna esta parte do esquecimento inerente ao mundo e a nós mesmos, que nos amedronta, esquecimento do qual gostaríamos de nos esquecer,

---

30. W. Benjamin, "Denkbilder", em *Ges. Sehr.* IV-1, p. 432. Trad. bras., "Imagens do Pensamento", em *Obras Escolhidas*, vol. II, p. 272.
31. "Berliner Kindheit", *Die Mummerehlen*, pp. 260-263. Trad. bras., "Uma Infância em Berlim", pp. 98-101.
32. Cf. "Über das mimetische Vermögen", *Ges. Sehr.* II-l, pp. 210-213. A primeira versão desse texto se intitula "Lehre vom Ähnlichen", pp. 204-210; trad. bras., "A Doutrina das Semelhanças", em *Obras Escolhidas*, vol. I, pp. 108-113.
33. Anna Stüssi, *op. cit.*, p. 162.
34. J. M. Gagnebin, "Histoire, Mémoire et Oubli chez Walter Benjamin", a sair na *Revue de Métaphysique et Morale*, Paris. Uma excelente análise da figura do Corcundinha se encontra no artigo de Irving Wohlfarth, "Märchen für Dialektiker. Walter Benjamin und sein ‚bucklicht Männlein'", em *Walter Benjamin und die Kinderliteratur*, diversos autores, Weinheim, Ed. K. Doderer, 1988, pp. 120-176.

mas que ele registra sem folga. Em particular, o Corcundinha possui as imagens de infância que acabamos de ler, as imagens evocadas por Benjamin na "Infância Berlinense". "Chama a atenção", diz Anna Stüssi, "que Benjamin, o autobiógrafo, se esconda atrás do Corcundinha: este é apresentado como sendo o autor das imagens da lembrança"[35]. Poderíamos acrescentar que as imagens da "Infância Berlinense" não são, pois, simplesmente anedotas da infância de um menino sensível, judeu e berlinense, no início do século; o que faz a sua força é que elas também são imagens políticas e, inseparavelmente, imagens do inconsciente[36]. Lembranças, portanto, que ultrapassam a particularidade do menino que se tornou homem, lembranças que se lhe impuseram quando compreendeu que só podia realmente escrever sobre sua infância quando tivesse abandonado as encenações projetadas pelo "eu", para se consagrar às descrições de um teatro cujo desenrolar não controla. Paradoxalmente, a renúncia à autoridade do autor permite a eclosão de um texto luminoso no qual ele reaparece como uma voz narrativa única, surgindo do "entrelaçamento" da sua história com a "história dos outros"[37] e, poderíamos talvez acrescentar, do Outro. Citemos aqui esta bela página da "Crônica Berlinense", na qual Benjamin compara os mecanismos da memória com aqueles da fotografia, observando que a força dos instantâneos consiste em que "estamos nós mesmos no centro destas estranhas imagens", mas que isto provém do fato de que estes "instantes de iluminação súbita são, ao mesmo tempo, instantes do estar-fora-de-nós" (*des Ausser-uns-Seins*)[38].

Gostaria de tornar minha aqui a distinção, estabelecida por Paul Ricoeur num contexto ao mesmo tempo muito diferente e muito próximo[39], entre identidade-mesmidade e identidade-ipseidade. Frente às críticas, notadamente de cunho analítico, do conceito de identidade, Ricoeur distingue a identidade que responde à questão *que*, identidade-mesmidade (*idem*), que afirma a permanência e a continuidade dos objetos, e a identidade-ipseidade (*ipse*), que corresponde à questão *quem*; esta última caracteriza o sujeito da linguagem e da ação (o *Dasein* heideggeriano em oposição ao *Vorhanden* e ao *Zuhanden*), possibilitando assim uma reflexão sobre o tempo da enunciação e sobre o tempo da ação ética e política[40]. A ipseidade é, portanto, uma categoria

---

35. A. Stüssi, *op. cit.*, p. 60.
36. Josef Fürnkäs ressaltou como este aspecto político da "Infância Berlinense" acarreta uma transformação do gênero "autobiografia". Cf. Josef Fürnkäs, *Surrealismus als Erkenntnis. Walter Benjamin – Weimarer Einbahnstrasse und Pariser Passagen*, Stuttgart, Metzler, 1988, p. 148.
37. Empresto essa expressão a Paul Ricoeur (*Soi-même comme un autre*, Paris, Seuil, 1990, p. 190) que traduz assim o "In Geschichten verstrickt" de W. Schapp.
38. "Berliner Chronik", p. 526.
39. Paul Ricoeur, *op. cit.* Do mesmo autor, "L'Identité narrative", *Revue Esprit*, jul./ago. 1988, n. 7/8, pp. 295-304.
40. "L'Identité narrative", pp. 296-297.

privilegiada da história, no duplo sentido de narração, ficcional ou não, e de processo de acontecimentos, individual ou coletivo. Esta ancoragem da identidade-ipseidade na história, em particular na narração, explica por que, segundo Ricoeur, as obras literárias representam um tipo de sismógrafo privilegiado da crise da identidade (entendida como mesmidade) e do recurso à identidade como ipseidade, que ainda permite a um "eu" tomar a palavra, mesmo quando "o sujeito diz que não é nada", isto é, quando é "um si desprovido do socorro da identidade *idem*"[41]. Ricoeur defende o privilégio deste questionamento oriundo da literatura, em particular na discussão da noção de "unidade narrativa da vida", ressaltada por Mac Intyre[42], como "uma das condições da boa vida". Mesmo na vida corrente, quando contamos a nossa história, seja a nós mesmos seja aos outros, nosso relato desenrola-se entre um início e um fim que não nos pertencem, pois a história da nossa concepção, do nosso nascimento e da nossa morte depende de ações e de narrações de outros que não nós mesmos; não há, portanto, nem começo nem fim absolutos possíveis nesta narração que nós fazemos de nós mesmos. Ademais, o discurso que temos a respeito do nosso passado é inseparável da dialética entre antecipação e retrospecção que guia os nossos projetos de existência e a sua retomada rememorativa[43].

Assim, mesmo na linguagem cotidiana dita comum, o sujeito narrativo que fala da sua história submete-se, sabendo ou não, aos mesmos mecanismos que regem as sutis narrações literárias contemporâneas – e dos quais tiram ao mesmo tempo sua vitalidade e sua fragilidade. Que isto seja tematizado ou não, em ambos os casos é a "equivocidade da noção de autor"[44] que se manifesta em pleno dia e ameaça arruinar uma concepção do sujeito que se definiria primeiro por sua ancoragem na identidade-mesmidade. A noção de ipseidade deveria nos ajudar a conceber o sujeito no surgimento essencial que a tomada de palavra e a decisão ética manifestam. As implicações e os riscos (em particular psicológicos) acarretados pelo abandono de uma identidade enraizada exclusivamente na mesmidade são numerosos; lembram, sem dúvida, tanto os relatos de conversão como as descrições heideggerianas ou sartrianas da passagem à existência autêntica (não podemos nos furtar de pensar, igualmente, no risco e na proximidade da loucura). Não me demorarei aqui. Mas a noção de ipseidade me parece preciosa para nos ajudar a melhor entender qual sujeito se desfaz e qual outro surge nesta estranha narração de si mesmo que constitui a "Infância Berlinense".

---

41. *Idem*, p. 303.
42. A. Mac Intyre, *After Virtue. A Study in Moral Theory*, London, Duckworth, 1981.
43. Paul Ricoeur, *Soi-même comme un autre*, pp. 190-191.
44. *Idem*, p. 191.

Neste ponto também a comparação com Proust é instigante. Se o sujeito da *Recherche* se esfacela em diversas figuras semelhantes e divergentes, desde o "eu" infantil que não consegue dormir, passando por Swann, o inimigo, o *alter ego* e o pai do primeiro amor, por Bergotte, Charlus etc, até os diversos "eu" suscitados por cada novo amor, há, no entanto, uma recuperação da identidade com o *Tempo Redescoberto*. O narrador continua, certamente, sempre diferente de si mesmo, como seu envelhecimento o atesta aos olhos dos outros que não o reconhecem e que ele não reconhece. Mas, neste último volume da *Recherche*, a voz do narrador assume uma importância cada vez maior até recobrir todas as outras expressões possíveis do sujeito[45]; não porque ele teria descoberto sua verdadeira identidade (mesmidade), mas porque ele espera conseguir pôr um fim à dispersão do sentido e ao esfacelamento no tempo, deles se apoderando através da obra de arte. O grande monólogo teórico-estético do narrador na Biblioteca de Guermantes lhe permite afirmar um ponto fixo, esta coincidência extratemporal entre o passado e o presente que a felicidade das lembranças involuntárias acaba de lhe revelar. Com efeito, é evidente que o narrador (e, neste caso, poderíamos talvez dizer o próprio Proust também) se debate entre uma interpretação estética clássica, que assimila este "fora do tempo" ao eterno, e uma concepção muito mais paradoxal, que vê aí a essência mesma do tempo, "um pouco de tempo em estado puro"[46]. Poderíamos talvez dizer que se a escrita da *Recherche* testemunha este paradoxo na sua prática – os infinitos e sempre recomeçados meandros da frase explorando todas as espessuras do tempo, inventando tempos diversos e plurais para melhor dizer os seus fugazes pontos de cruzamento –, a teoria proustiana da escrita, em compensação, se decide pela ancoragem no eterno[47]. Não só porque existem em Proust, como o nota Benjamin[48], "rudimentos de um idealismo persistente", mas também porque somente a suspensão do tempo na eternidade (fosse por um instante!) possibilitaria assegurar um estatuto privilegiado para a obra de arte, fora do ciclo da desilusão. Com efeito, *a Recherche*, como mostrou tão bem Deleuze[49], é a história de uma aprendizagem, a do deciframento dos signos e a de uma consecutiva desilusão, pois nem os signos mundanos, nem os do amor, nem os da percepção sensível conseguem cumprir a promessa de felicidade que pareciam conter. Somente a arte o conseguirá, pois, mesmo que se desenrole no tempo como a Sonata de Vinteuil ou a escrita deste imenso livro, ela nos faz entrever um tempo liberto, libertado antes de tudo de

---

45. Observação de Paul Ricoeur, igualmente, em *Temps et Récit*, vol. II, p. 199.
46. Marcel Proust, *A la recherche du temps perdu, Le temps retrouvé*, pp. 872-873. Trad. bras., *O Tempo Redescoberto*, pp. 124-125. A esse respeito, cf. o belo comentário de Maurice Blanchot, *Le Livre à venir*, Paris, Gallimard, Idées, 1959, pp. 22-23.
47. Como o ressaltou Krista Greffrath, *op. cit.*, pp. 65 e ss.
48. W. Benjamin, "Zum Bilde Prousts", p. 320. Trad. bras., "A Imagem de Proust", p. 45.
49. Gilles Deleuze, *Proust e os Signos*, trad. R. Machado, Rio de Janeiro, Zahar.

si mesmo, das suas vicissitudes que são, segundo Proust, a desilusão, o envelhecimento e a morte. A *Recherche du temps perdu* não tem então por fim, como observa Peter Szondi, reencontrar o tempo perdido do passado, mas, paradoxalmente, resgatá-lo da sua insuficiência, colocando-o fora do tempo[50]. Cada vez – as inumeráveis vezes! – que o narrador tenta voltar a um lugar onde esteve, outrora, feliz, experimenta uma decepção na medida da sua expectativa, porque o passado nunca pode voltar, ele é passado, opaco, aniquilado, porque resiste à vontade que quer revivê-lo e só se revelará, na sua essência extratemporal, através do retorno do esquecido, involuntariamente. Assim, em Proust, os lugares e seres amados no passado só podem nos surpreender por sua trivialidade atual, da mesma maneira que o eu do narrador nunca consegue reencontrar os êxtases do eu infantil. Poderíamos talvez dizer, citando o próprio Proust, que a leitura da *Recherche* nos faz entrar num "grande cemitério"[51], nos conduz de túmulo em túmulo, em particular do sepulcro de um "eu" até o de um outro "eu": a identidade--mesmidade é consequentemente destruída pelo curso do texto; esta destruição irresistível é vivida pelo narrador como um processo altamente doloroso, mais ainda que as diversas desilusões que os outros nos impõem. Este dilaceramento é necessário à afirmação cada vez mais triunfante da voz do narrador como sendo a única instância verdadeira, ou, em outros termos, à afirmação da superioridade do "eu" que escreve em relação às outras figuras de si. Poderíamos assim dizer, retomando as categorias de Ricoeur, que *a Recherche* assegura, sim, a supremacia da ipseidade sobre a identidade-mesmidade, mas isso ao preço de uma sublimação estética do si e de uma rejeição consequente das outras dimensões da vida ativa. O narrador é obrigado a desistir da segurança da identidade-mesmidade pela ação necessária do tempo, pela dinâmica dolorosa da desilusão a respeito dos outros e, sobretudo, a respeito de si mesmo; sua salvação será a afirmação da perenidade da obra de arte, portanto da atividade estética que resiste, pois, ao tempo devorador. Nesta luta sem tréguas que Baudelaire, antes de Proust, tinha travado em termos muito semelhantes, o escritor se guia pela lembrança luminosa da plenitude da infância, de uma "vida anterior" perdida para sempre, e pela esperança correspondente de reencontrar esta perfeição pela graça da realização estética.

Já conhecemos suficientemente a "Infância Berlinense" para perceber o quanto o projeto benjaminiano é outro. Sem dúvida, como em Proust, as imagens do passado infantil voltam para iluminar o presente por uma coincidência súbita que não depende da memória voluntária do sujeito. Porém, estas coincidências não são o fruto exclusivo do

---

50. Peter Szondi, "Hoffnung im Vergangenen", p. 85.
51. M. Proust, *Le temps retrouvé*, p. 903. Trad. bras., *O Tempo Redescoberto*, p. 147.

acaso, uma concepção que Benjamin critica na estética proustiana[52]. Elas remetem muito mais àquilo que me parece caracterizar a escrita benjaminiana, uma espécie de intensidade da *atenção* em oposição, notadamente, à obstinação da *intenção*. A grandeza e a pobreza da intenção está na sua obediência à tenacidade do sujeito consciente; assim, como ele, ela só consegue chegar ao único alvo que ela se propusera desde sempre. Já no "Prefácio" à *Origem do Drama Barroco Alemão*, Benjamin afirmava, com a temerária segurança dos heréticos:

> Método é desvio. A apresentação como desvio – eis o caráter metodológico do tratado. Renunciar ao curso ininterrupto da intenção é a sua primeira característica. Incansavelmente, o pensamento começa sempre de novo, volta minuciosamente à própria coisa. Este incessante tomar fôlego é a mais autêntica forma de existência da contemplação[53].

Esta declaração de método significa a renúncia à discursividade linear da intenção particular em proveito de um pensamento *umständlich*, ao mesmo tempo minucioso e hesitante, que sempre volta a seu objeto, mas por diversos caminhos e desvios, o que acarreta também uma alteridade sempre renovada do objeto. A estrutura temporal deste método do desvio deve ser ressaltada: o pensamento para, volta para trás, vem de novo, espera, hesita, toma fôlego. E o exato contrário de uma consciência segura de si mesma, do seu alvo e do itinerário a seguir. Muitos comentadores enfatizaram com razão que este pensamento hesitante é próprio do saturniano melancólico, do pesquisador alegórico que se perde nos meandros da significação. Isto é verdade. Mas é igualmente verdadeiro que essas hesitações caracterizam também uma concepção da verdade que não seria nem adequação nem possessão, como Benjamin o expõe nas páginas anteriores, uma concepção que ele chama aqui "contemplação" (*Kontemplation*), mas que ele distingue com cuidado da intuição (*Anschauung*)[54]. Proponho compreender este conceito como sendo muito próximo desta forma de "oração" profana que Benjamin descrevia a respeito de Kafka, uma espécie de atenção (*Aufmerksamkeit*) ao mesmo tempo intensa e leve[55]. Esta atenção indica uma presença do sujeito ao mundo tal que saiba deter-se, admirado, respeitoso, hesitante, talvez perdido, tal que as coisas possam se dar lentamente a ver e não naufraguem na indiferença do olhar

---

52. W. Benjamin, "Über einige Motive bei Baudelaire", p. 610. Trad. bras., "Sobre Alguns Temas em Baudelaire", *Obras Escolhidas*, vol. III, p. 106.
53. *Ursprung des deutschen Trauerspiels*, p. 208. Trad. bras., *Origem do Drama Barroco Alemão*, p. 50 (trad. modificada).
54. *Ursprung des deutschen Trauerspiels*, pp. 215-216. Trad. bras., *Origem do Drama Barroco Alemão*, p. 58. A respeito do "método" em Benjamin, cf. o recente livro de Olgária C. F. Matos, *O Iluminismo Visionário: Benjamin, Leitor de Descartes e Kant*, São Paulo, Brasiliense, 1993.
55. "Franz Kafka", *op. cit.*, p. 432; trad. bras., "Franz Kafka", *Obras Escolhidas*, vol. I, p. 159.

ordinário. "Método", por certo, perigoso, pois nunca se pode ter certeza de que ele leva realmente a algum lugar, mas, pela mesma razão, extremamente precioso, pois só a renúncia à segurança do previsível permite ao pensamento atingir a liberdade. Este caminho cheio de riscos também é o caminho da escrita, e a tais riscos o famoso prefácio da *Origem do Drama Barroco Alemão* nem sempre escapou. Este caminhar nos lembra não só a atenção distraída dos surrealistas[56], mas também, singularmente, a noção freudiana de atenção flutuante[57], indício de que pensamento e escrita também se desdobram à escuta do inconsciente. Caminhar, enfim, que é o da criança, particularmente da criança da "Berliner Kindheit", parada na janela, esperando, escondida atrás de um móvel, atrasada quando vai à escola ou à sinagoga, retirada nos cantos afastados do jardim público, enfim sempre hesitante "nestes limiares" onde, como o diz com excelência Anna Stüssi, "o tempo se acumula"[58].

Estes lugares privilegiados da infância, dos quais o adulto se lembra, não são, portanto, os lugares de uma felicidade inocente e imaculada; pelo contrário, preenchem a criança de uma certa apreensão, pois são plenos dos mortos do passado[59], e, mais vezes ainda, plenos de um futuro desconhecido mas pressentido, pois são, como diz Benjamin, "cantos proféticos"[60]. Peter Szondi ressaltou que é esta estrutura temporal da lembrança que distingue mais claramente o lembrar benjaminiano do de Proust: pela graça do passado reencontrado no presente, Proust tenta escapar ao tempo e à morte; Benjamin, por sua vez, busca uma intensificação do tempo[61]. O passado é salvo no presente porque nele o escritor descobre os rastros de um futuro que a criança pressentia sem conhecê-lo. Esta busca de um "futuro anterior", segundo a feliz expressão de Szondi[62], acarreta um olhar sobre o passado, e, em particular, sobre a infância, onde não há nada de idealizante ou de estetizante, mas que é, arrisquemos a palavra, profundamente político. Benjamin busca no passado os signos de uma promessa a respeito da qual ele hoje sabe se o futuro a cumpriu ou não, a respeito da qual ele

---

56. Cf. Josef Fürnkäs, *op. cit.*, pp. 61-62.
57. (*Gleich*)*schwebende Aufmerksamkeit*, cf. Laplanche e Pontalis, *Vocabulaire de la Psychanalyse*, Paris, PUF, 1967, verbete correspondente; a esse respeito cf. também Oswaldo Giacóia Júnior e Regina de Souza Arantes, "O Discurso Precário: Notas sobre a Noção de Atenção Flutuante na Psicanálise", em *Cadernos PUC* n. 13, São Paulo, pp. 5-13.
58. Anna Stüssi, *op. cit.*, p. 51. Devo igualmente ao livro de A. Stüssi a compreensão da relação entre o conceito de "método" como "desvio" e a metáfora do labirinto.
59. Cf. particularmente "Tiergarten", "Berliner Kindheit", pp. 237-239; trad. bras., "Infância em Berlim, por Volta de 1900", *Obras Escolhidas*, vol. II, pp. 73-75. A este respeito, "Berliner Chronik", p. 489.
60. "Berliner Kindheit", p. 256; "Infância em Berlim", p. 94 (trad. modificada).
61. Peter Szondi, *Hoffnung in Vergangenen*, p. 85. Cf. igualmente nosso artigo "Histoire, Mémoire et Oubli chez Walter Benjamin".
62. Peter Szondi, *op. cit.*, p. 89.

se pergunta se cabe ainda ao presente realizá-la – ou se esta promessa está definitivamente perdida. A lembrança do passado não mede, como em Proust, a distância entre a imagem ideal e a realidade decepcionante, uma distância que somente a obra de arte conseguiria abolir. A lembrança do passado *desperta* no presente o eco de um futuro perdido do qual a ação política deve, hoje, dar conta. Certamente, o passado já se foi e, por isso, não pode ser reencontrado "fora do tempo", numa beleza ideal que a arte teria por tarefa traduzir; mas ele não permanece definitivamente estanque, irremediavelmente dobrado sobre si mesmo; depende da ação presente penetrar sua opacidade e retomar o fio de uma história que havia se exaurido.

Exatamente como o passado é atravessado pelos signos "que o futuro esqueceu na nossa casa"[63], assim também o sujeito desta história sempre é, ao mesmo tempo, a criança perdida, o adulto preocupado de hoje e o desconhecido de amanhã. Porque assume o seu caráter autobiográfico e não é, portanto, uma obra de ficção literária – embora qualquer narração de si também seja uma ficção de si mesmo –, a "Infância Berlinense" não apresenta estes desdobramentos vertiginosos do eu que fazem a força da *Recherche*. Mas a criança que, na lembrança do adulto, fala "eu", está aberta, como já o ressaltamos, às dimensões mais amplas do inconsciente e do político, inaugurando a descrição de uma subjetividade irredutível à particularidade de um menino singular. Esta ampliação do sujeito às dimensões sociais e psíquicas subjacentes à sua própria vida acarreta um certo retraimento do ego. Assim, enquanto todos os leitores de Ao *Caminho de Swann* poderiam pintar o retrato do pequeno Marcel, a criança que toma a palavra na "Infância Berlinense" tem uma *voz* inconfundível que nos atinge profundamente – mas teríamos a maior dificuldade em descrever a identidade específica deste menino. Porém, isso não nos faz falta: sem ter que recorrer às longas descrições das suas propriedades particulares, um sujeito surge nesse texto através da precisão de uma enunciação que nos faz atravessar os diversos tempos da sua história – e da história. A identidade-mesmidade que a autobiografia clássica havia tantas vezes conjurado dá lugar à ipseidade de um sujeito que confia suficientemente na sua palavra para prescindir das definições sempre ilusórias de si mesmo.

Um motivo central da "Infância Berlinense" ilustra muitíssimo bem esta transformação de si: o motivo do labirinto[64]. Para escrever sobre sua cidade natal, nos diz Benjamin, num texto decisivo[65], uma

---

63. "Berliner Kindheit", p. 252; "Infância em Berlim", p. 89 (trad. modificada). A este respeito, cf. H. T. Lehmann, *op. cit.*, p. 83.
64. A respeito da figura do labirinto, cf. A. Stüssi, *op. cit.*, pp. 11 e ss., Krista Greffrath, *op. cit.*, pp. 140 e ss., P. Szondi, *Nachwort* às *Städtebilder* de W. Benjamin, Suhrkamp, 1963, pp. 79 e ss., Christine Buci-Glucksmann, *op. cit.*, p. 92; Bettine Menke, *op. cit.*, pp. 257 e ss. e 325 e ss.
65. "Berliner Kindheit", p. 237; "Infância em Berlim", p. 73.

estranha aprendizagem se tornou necessária: aprender "a se perder numa cidade como a gente se perde numa floresta". O texto da "Crônica Berlinense" acrescenta: "Foi Paris que me ensinou estas artes da desorientação"[66], ao fazer isso, a cidade realizou o sonho "cujos primeiros rastros foram os labirintos nos mata-borrões dos meus cadernos de aluno". Paris, a cidade desconhecida na qual se perde o exilado, Paris, cujo metrô revela a fabulosa estrutura labiríntica, imagem perfeita desta dimensão subterrânea da vida sobre a qual repousa o ordenamento da história. Paris é a cidade estrangeira que torna possível o acesso à cidade natal. Ela opera no espaço o mesmo deslocamento que, no tempo, o olhar do adulto opera sobre sua infância; este deslocamento é essencial para um sujeito que não evoca nostalgicamente um paraíso perdido, mas reúne as imagens capazes de "preformar no seu interior uma experiência histórica ulterior"[67]. Um sujeito, portanto, para quem o lembrar não visa a descrição do passado "como de fato foi"[68], mas a sua retomada salvadora na história presente.

Um sujeito, podemos acrescentar, que não fala de si para garantir a permanência da sua identidade, mas que, ao contar sua história, se desfaz de representações definitivas e ousa afirmar-se na incerteza. Na "Crônica Berlinense" Benjamin evoca a imagem da sua vida como a de um labirinto cujo "centro enigmático" é a morada do "eu" ou do "destino", pouco importa[69]. Com efeito, pouco importa, pois o destino só é o itinerário do eu à busca de si mesmo pelos caminhos da alteridade. Este trabalho de busca e de memória (*Erinnern*) se abre, igualmente, à dispersão do esquecimento e não produzirá nenhuma visão imutável do passado, mas, pelo contrário, uma desorientação positiva: "Assim o labirinto..." é "no espaço aquilo que é no tempo a lembrança (*die Erinnerung*), que procura no passado os signos premonitórios do futuro"[70].

No limiar do labirinto, a criança não manifesta medo; pelo contrário, o desejo de exploração predomina como se soubesse, confusamente, que só poderá se reencontrar se ousar perder-se. Deve-se ressaltar também, como o fez Krista Greffrath[71] que o labirinto está vazio, que ele não é mais a morada *mítica* de um monstro devorador. Greffrath observa que esta figura do "labirinto sem Minotauro" é, provavelmente, tomada de Aragon, que a usa no *Camponês de Paris* como uma imagem da atividade do espírito, quando renuncia à certeza da consciência:

O espírito cai na armadilha dessas redes que o arrastam sem volta em direção ao desenlace do seu destino, o labirinto sem Minotauro, onde reapa-

66. "Berliner Chronik", p. 469 (trad. J. M. G.).
67. "Vorwort" à última versão da "Berliner Kindheit", p. 385.
68. "Wie es denn eigentlich gewesen ist", citação de Leopold von Ranke, criticada por Benjamin na Tese VI de "Über den Begriff der Geschichte", p. 695; trad. Rouanet, *op. cit.*, p. 224; trad. Kothe, *op. cit.*, p. 156.
69. "Berliner Chronik", p. 491.
70. Peter Szondi, *Nachwort* às *Städtebilder*, p. 84.
71. Krista Greffrath, *op. cit.*, p. 491.

rece, transfigurado como a virgem, o erro com os dedos de radium, esta minha amante cantante, minha sombra patética [...]. O que me importava tanto, minha pobre certeza, nessa grande vertigem em que a consciência se sente um simples patamar dos abismos, no que se transformou ela? Eu não passo de um momento de uma queda eterna. O pé perdido não se reencontrará jamais[72].

Benjamin poderia tornar suas as descrições desta vertigem e não é por acaso que a figura do labirinto reaparece com frequência nos seus protocolos de experiências com diversas drogas[73]. No entanto, como já mencionamos rapidamente, uma certa complacência em relação à "vertigem", à "queda eterna" ou ao sonho, complacência característica de certos textos surrealistas (e da sua profusão verbal), é recusada por Benjamin, que insiste na necessidade do *despertar* e da ação. Para Benjamin, o labirinto não é somente uma estrutura onírica vertiginosa: mais essencialmente, ele constitui o avesso escondido mas significativo das obras culturais, das cidades e dos livros. A criança penetra nos livros como o adulto na cidade desconhecida, para se perder num "labirinto de histórias"[74] ou de leitura[75], para seguir os corredores subterrâneos das histórias que nos levam, como o metrô e as passagens parisienses, a viagens surpreendentes. Um belo texto da "Berliner Kindheit", "A Caixa de Costura"[76], descreve esta dimensão subterrânea e misteriosa. Celebra, sem dúvida, o poder da mãe, mas também conta a revolta da criança contra ele. O menino só se reconcilia com o gesto feminino de costurar[77] ao apropriar-se dele neste jogo de bordados no papel, dado às crianças como exercício preliminar à escrita: o poder sedutor e ameaçador da mãe não é negado, o que só aumentaria sua força mítica; ele é reapropriado e transposto na atividade cultural da aprendizagem simbólica e gráfica. Mas a criança não borda somente para ver aparecer as flores esboçadas no lado "certo" do papel; ela se encanta também pelo verso, por esse avesso labiríntico inseparável da ordem do desenho:

E à medida que o papel abria caminho à agulha com um leve estalo, eu cedia à tentação de me apaixonar pelo reticulado do avesso que ia ficando mais confuso a cada ponto dado, com o qual, no direito, me aproximava da meta[78].

72. Louis Aragon, *Le Paysan de Paris*, Paris, Gallimard, 1926, p. 135. Trad. Flávia Cristina de Souza Nascimento na sua dissertação de mestrado em Teoria Literária, IEL, Unicamp, agosto de 1991, p. 133 (manuscrito).
73. Cf. *Ges. Sehr.* IV-1, p. 414 e VI, p. 584.
74. "Berliner Chronik", p. 515.
75. "Berliner Kindheit", p. 278; "Infância em Berlim", p. 117.
76. "Der Nähkasten", em "Berliner Kindheit", pp. 289-291; "A Caixa de Costura", em "Infância em Berlim", pp. 127-129.
77. Esse texto também fala do corpo e do sexo femininos como o notou muito bem A. Stüssi (*op. cit.*, pp. 211 e ss.), seja na alusão à mãe de Branca de Neve que costura perto da janela, pica o dedo e deixa cair três gotas de sangue, seja à mãe da criança que protege o dedo num dedal cuja cavidade o menino gosta de tocar. Alusões também aos carretéis de Kafka: a Odradek, o primo do Corcundinha.
78. "Berliner Kindheit", p. 291; "Infância em Berlim", p. 129.

Anna Stüssi comenta: "O labirinto: os dedos da vida inconsciente na página de trás do dia"[79].

Assim, o labirinto revela a estrutura misteriosa do desejo humano que não cessa com a obtenção da sua meta, mas se compraz em inventar e reinventar desvios, imagens, gestos, palavras; ele é o outro lado da cultura, outro mas conjunto. A "Infância Berlinense" descreve este avesso, mas, à diferença dos textos surrealistas, não esquece o lado direito da página: o avesso e o direito são inseparáveis como o "lembrar" que forma "a trama", "e o esquecimento que forma a urdidura" no tecido do mesmo texto[80], como, na escrita da história, o desdobramento infinito das imagens do passado e a concentração no recolher do presente. O fio de Ariadne que guia a criança no labirinto não é somente o da intensidade do amor e do desejo; também é o fio da linguagem, às vezes entrecortado, às vezes rompido, o fio da história que nós narramos uns aos outros, a história que lembramos, também a que esquecemos e a que, tateantes, enunciamos hoje.

---

79. A. Stüssi, *op. cit.*, p. 214.
80. W. Benjamin, "Zum Bilde Prousts", p. 311. "A Imagem de Proust", p. 37.

5. História e Cesura

> Só *o Messias mesmo cumpre todo advir histórico, e precisamente no sentido que só ele redime, cumpre, consuma sua relação ao messiânico mesmo.*
>
> W. BENJAMIN, "Fragmento Teológico-político".

Fragmentos espalhados das línguas de "Após Babel"[1], ruínas alegóricas da significação, panos de muro que as personagens de Kafka se esgotam em construir, enquanto nenhum desígnio orienta a edificação dessa Muralha da China, incapaz portanto de proteger pátria alguma, a reflexão de Benjamin nos fez atravessar a dispersão do sentido e o esfacelamento da narração. Mas ele não faz só constatar, com mais ou menos nostalgia, esse espalhamento da modernidade do qual nossos ouvidos estão, hoje, cansados de ouvir falar. Benjamin lança mão desse fenômeno histórico, analisa com paciência sua longa e desconcertante formação, desde os palcos vazios do teatro barroco até o labirinto glauco das passagens parisienses. E, subitamente, essa filologia histórica, até historicizante, se revela como o avesso de uma dinâmica fundamental, igualmente histórica por certo, mas justamente no sentido muito mais essencial que liga a história e a linguagem dos homens à morte, àquilo que Benjamin

---

1. Segundo o famoso título de Georges Steiner, *After Babel*, Oxford, University Press, 1976.

designa pelo termo de *Vergängnis* ("deperecimento"). Palavra-chave de sua doutrina da alegoria e, igualmente, de sua teoria de uma crítica redentora[2], a noção de *Vergängnis* articula um dos mais belos e secretos textos de Benjamin, o "Fragmento Teológico-político"[3], consagrado à relação entre a história dos homens e a da salvação, ou ainda, segundo as palavras de Benjamin, entre "a ordem do profano" e "o messiânico". Por certo, neste texto de juventude[4], esse "deperecimento" essencial remete, primeiro, ao ritmo da natureza, que só se cumpre ao se entregar à morte, na fusão entre Eros e Tânatos que Bataille devia descrever, de maneira bastante próxima, como *dépense* ("gasto", "despesa")[5]. Mas, porque ele é, justamente, o lugar possível da *felicidade*, esse deperecer também orienta o esforço radicalmente profano da atividade política, concebida por Benjamin como a busca da felicidade aqui e agora – em oposição às múltiplas tentativas teocráticas, sionistas, socialistas ou outras de trabalhar para um futuro Reino de Deus na Terra. Nesse texto tão profundamente teológico, Benjamin efetua uma transposição radicalmente materialista do erótico ao político, ao fazer da exigência da felicidade a única diretiva possível da história dos homens: "A ordem do profano deve se erguer seguindo a ideia da felicidade"[6]. O "método" dessa transformação, nos diz ele laconicamente, deve se chamar "niilismo"[7], o que eu tentaria entender lembrando que entre "felicidade" e "deperecimento" reina a mesma copertença subversiva que entre "destruição" e "salvação" nos seus escritos posteriores: só pode ser salvo (no sentido estrito da possibilidade, não dá garantia!) o que foi arrancado à totalidade triunfante do discurso e da ordem estabelecidos, até mesmo da natureza em seu florescer, cujo esplendor é o da aparência mítica. Essa inflexível destituição do *Schein* e da *Erscheinung*[8] é, certamente, obra do "caráter destrutivo"[9], esse irmão oposto e gêmeo do colecionador; porém, mais profundamente, ela testemunha a violência ne-

---

2. Cf. capítulo 2, pp. 44 e ss.
3. Walter Benjamin, "Theologisch-politisches Fragment" ("Fragmento Teológico-político"), *Ges. Sehr.* II-1, pp. 203-204. Remetemos aqui ao excelente estudo de Irving Wohlfarth, "'Immer radikal, niemals konsequent...', Zur theologisch-politischen Standortsbestimmung Walter Benjamins", em *Antike und Moderne*, editado por N. Bolz e R. Faber, Königshausen u. Neumann, 1986, pp. 116-137.
4. Sobre a data de redação do "Theologisch-politisches Fragment", cf. as observações do aparato crítico em *Ges. Sehr.* 11-3, pp. 946-949.
5. Cf. Wohlfarth, *op. cit.*, p. 125.
6. "Theologisch-politisches Fragment", p. 203 (trad. J. M. G.). Cf. Wohlfarth, *op. cit.*, pp. 126-127.
7. "Theologisch-politisches Fragment", p. 204.
8. Assunto essencial do ensaio sobre *as Afinidades Eletivas* de Goethe, *Ges. Sehr.* 1-1, pp. 123 e ss.
9. Daí a famosa citação: "Meu pensamento se comporta em relação à teologia como o mata-borrão em relação à tinta. Ele está todo impregnado dela. Mas se fosse ocorrer segundo o mata-borrão, aí não sobraria nenhum resto do que está escrito" (*Passagen-Werk*, p. 588, N7a, 7 e, igualmente, *Ges. Sehr.* 1-3, p. 1235) (trad. J. M. G.).

cessária do tempo e da morte em nossa história humana. História que só pode ser verdadeira narração e verdadeiro advir se nossos atos e nossas palavras forem penetrados pela finitude e pelo perecimento, portanto preciosamente únicos, insubstituíveis, *atuais*, sem o consolo da imortalidade.

Se a dissolução, a disseminação, a dispersão modernas são figuras históricas, no sentido de uma gênese temporal bem definida e passível de definição, também são históricas, portanto, no sentido de uma ligação essencial entre perecer e linguagem (que descrevem o ensaio sobre a tradução e a doutrina da alegoria), entre perecer e ação política. Nesse sentido, a fragmentação moderna, mesmo "pós-moderna" não é unicamente a consequência de um processo de "desencanto" ou de desagregação social. Quer seja com complacência, crueldade ou sobriedade, ela expõe à luz do dia esta força centrífuga inscrita na nossa linguagem e na nossa história. Se a linguagem só torna presente quando diz, justamente, o objeto ausente e a distância que dele nos separa, podemos, sem dúvida, sonhar com palavras transparentes e imediatas, com uma prosa "liberada" como a chama Benjamin, mas só continuamos falando e inventando outras frases porque essas palavras "verdadeiras", que nos atormentam, se nos esquivam. Nossa história também nos escapa e nos desenraiza, mas é somente graças a essa fuga que podem cessar a insistente repetência do previsível e a sedução triste do totalitarismo, e que algo outro pode advir. Esse movimento de evasão e de dispersão (*Zerstreuung*), Benjamin o pensa – desde seus primeiros escritos consagrados à *origem* até os textos ditos materialistas sobre o fim do *original* – simultaneamente como o rastro de uma perda infinita e o turbilhão de um possível nascimento. O ensaio sobre "A Obra de Arte na Época de sua Reprodutibilidade Técnica", notadamente, pode ser lido não só como a descrição do fim de uma idade estética, mas também como a tentativa de uma estética positiva da distração (*Zerstreuung*), portanto de um outro tipo de percepção (*aisthêsis*) que o do recolhimento cultural e cultural, uma percepção ao mesmo tempo difusa e perspicaz que caracterizaria o grande público de cinema, segundo Benjamin. Sem prejulgar da validade ou não dessas análises particulares, deve-se ressaltar que elas manifestam essa dimensão radical de exoterismo que já caracterizava no "Fragmento Teológico-político" a apreensão do político: este último não consistiria no esforço infinito de modelar o real segundo um ideal transcendente, mas, sim, na absorção tão total da ordem do sagrado que este se converte na exigência de uma felicidade radicalmente profana – isto é, também finita, mortal, ao mesmo tempo efêmera e atual.

Essa dialética entre o teológico e o político que Benjamin sabia estar no centro de seu pensamento, e essa rigorosa interdependência entre a atualidade e a mortalidade desembocam numa concepção paradoxal da história e da salvação, ou até da história da salvação. Com efeito, se a categoria de *Rettung* é, sem dúvida, uma das categorias mestras de todo seu pensamento, Benjamin não a pensa como o alvo da dinâmica histórica ("Por isso o Reino de Deus não é o *telos* da dinâmica histórica; ele não pode ser posto como alvo")[10]; mesmo quando fala em revolução (ou em Revolução), recusa a ideia de um processo cumulativo e progressivo que levaria a uma forma secularizada de redenção. Nem por isso defende um espontaneísmo ou um anarquismo ingênuos; pelo contrário, critica o imediatismo dessas posições no fim de seu ensaio sobre o surrealismo e insiste na necessidade de uma "armação teórica"[11] que sustente a escrita da história e a prática política. Mas a categoria central dessa construção teórica não é, como se poderia esperar quando se passou pela escola da dialética hegeliana ou marxista, a da mediação, ainda menos a da "mediação a partir do processo global", como exige Adorno na sua famosa carta de 10 de novembro de 1938, na qual recusa o primeiro ensaio de Benjamin sobre Baudelaire[12]. O conceito-chave é o da interrupção da história, de *Unterbrechung* messiânica ou de *Stillstand* (paralisação) historiográfico.

Para melhor circunscrever o que é essa interrupção, proponho analisá-la primeiro como um conceito polêmico, isto é, pelo viés da confrontação de Benjamin com o historicismo e com a historiografia iluminista, depois socializante, do progresso. Uma confrontação que já foi muito comentada[13] e que forma o pano de fundo, ao mesmo tempo teórico e político, da redação das famosas teses "Sobre o Conceito de História". Lembremos aqui rapidamente que a crítica de Benjamin não diz simplesmente respeito à ideologia do progresso da socialdemocracia, nem somente à erudição cansativa, pretensamente desinteressada do historicismo; por trás dessas duas escritas aparentemente contraditórias da história, Benjamin visa a mesma concepção de "tempo homogêneo e vazio"[14], esse tempo indiferente e infinito que corre, sempre igual a si mesmo, que passa engolfando o sofrimento, o horror, mas também o êxtase e a felicidade. A historiografia que se baseia nesta concepção trivial do tempo como cronologia linear opera com dois princípios narrativos complementares: primeiro, um conceito totalmente embotado de causalidade histórica, como se a sucessão cronológica fosse sinônimo de uma relação substancial de necessidade histórica: "O historicismo contenta-se em estabelecer

---

10. "Theologisch-politisches Fragment", p. 203.
11. Segundo as palavras de Benjamin na Tese XVII (*op. cit.*, p. 702) e nas anotações às "Teses", *Ges. Sehr.* 1-3, p. 1232.
12. Cf. *Briefe* II, p. 785.
13. A este respeito cf. J. M. Gagnebin, *Zur Geschichtsphilosophie Walter Benjamins*, pp. 44 e ss., Peter Bulthaup (ed.); *Materialen zu Benjamins Thesen "Ueber den Begriff der Geschichte"*, Suhrkamp, 1975; Giorgio Agamben, *Enfance et Histoire*, pp. 111 e ss.; Krista Greffrath, Metaphorischer Materialismus, primeiro capítulo; Rolf Konersmann, *Erstarrte Unruhe*, Fischer, 1992.
14. Tese XIII (*op. cit.*, *Ges. Sehr.* 1-2, p. 704); trad. Rouanet, *op. cit.*, p. 229; trad. Kothe, *op. cit.*, p. 161.

um nexo causal entre os diversos momentos da história. Mas nenhum fato, por ser causa, já é, só por isso, um fato histórico"[15]. A isso Benjamin opõe um conceito pleno de "tempo de agora" (*Jetztzeit*)[16], ao mesmo tempo surgimento (*Ursprung*) do passado no presente e "evento do instante, daquilo que começa a ser... que deve, pelo seu começo, nascer a si, advir a si, sem partir de lugar nenhum"[17]. O instante imobiliza esse desenvolvimento temporal infinito que se esvazia e se esgota e que chamamos – rapidamente demais – de história; Benjamin lhe opõe a exigência do presente, que ela seja o exercício árduo da paciência ou o risco da decisão. Se o lembrar do passado não for uma simples enumeração oca, mas a tentativa, sempre retomada, de uma fidelidade àquilo que nele pedia um outro devir, a estes "signos dos quais o futuro se esqueceu em nossa casa" como as luvas ou o regalo que uma mulher desconhecida, que nos visitou em nossa ausência, deixou numa cadeira[18], então a história que se lembra do passado também é sempre escrita no presente e para o presente. A intensidade dessa volta/renovação quebra a continuidade da cronologia tranquila, imobiliza seu fluxo infinito, instaura o instante e a instância da salvação:

> O materialista histórico não pode renunciar ao conceito de um presente que não é transição, mas no qual o tempo estaca e chega a parar imóvel. Pois esse conceito define exatamente o presente em que escreve historia para si mesmo[19].

O estabelecimento de uma "constelação"[20] salvadora do passado e do presente *no* presente realiza essa dinâmica da origem que se manifesta na história, aliás que só pode se manifestar na história, como vimos no nosso primeiro capítulo[21]. Até nesse último texto póstumo de Benjamin reencontramos, pois, a oposição entre uma causalidade chata e tola (a da *Entstehung* na "Vorrede", a do determinismo otimista da socialdemocracia nas "Teses") e esta intensidade a uma só vez destrutora e salvadora, que faz ruir a ordem das

---

15. "Teses" (*op. cit.*, p. 704, Apêndice A); trad. Rouanet, *op. cit.*, p. 232; trad. Kothe, *op. cit.*, p. 163. Usamos aqui uma tradução inédita, mais literal, de Marcos Lutz--Müller e Jeanne Marie Gagnebin.
16. *Idem*.
17. Essas citações são de Emmanuel Levinas que me parece querer delimitar o mesmo momento inicial do *Ursprung*, em oposição à atração regressiva do encadeamento causal. Cf. Emmanuel Levinas, *De l'existence à l'existant*, Paris, Ed. Fontaine, 1947, pp. 130-131. Agradeço Olivier Abel por ter chamado minha atenção sobre esse texto.
18. Cf. capítulo 4, pp. 89.
19. Tese XVI (*Thesen*, p. 702); trad. Rouanet, *op. cit.*, pp. 230-231; trad. Kothe, *op. cit.*, p. 162. A tradução usada é a de M. Lutz-Müller e J. M. Gagnebin.
20. "Teses", Apêndice A (*Thesen*, p. 704); trad. Rouanet, *op. cit.*, p. 232; trad. Kothe, *op. cit.*, p. 163.
21. Cf. capítulo 1, pp. 16 e ss.

palavras e das coisas – porque, se algo puder ser salvo, só o será sobre essas ruínas. Violência certamente que esta força que Benjamin chama, justamente, de "messiânica", para marcar também que somente o "Messias" é senhor dela; ela nos é dada parcimoniosamente para respondermos ao apelo do passado no presente, mas a redenção não nos pertence. A famosa "fraca força messiânica" que cabe a cada geração[22] significaria, portanto, mais que nossa lamentável impotência, como sempre se interpreta; ela poderia igualmente assinalar, como o faz esta "suave aproximação" do Reino de que fala o "Fragmento Teológico-político", que somente *nossa fraqueza* é messiânica, que é em nossas hesitações, em nossas dúvidas, em nossos desvios, que pode ainda se insinuar o apelo messiânico, ali, enfim, onde renunciamos a tudo preencher para deixar que algo de outro possa dizer-se. Violência, portanto, mas violência que não podemos usar segundo o nosso bem-querer, pois ela ameaça, justamente, o querer e a soberania da intenção, sua ambição de previsões sem falhas.

Neste contexto, uma releitura do ensaio "Por uma Crítica da Violência" (releitura que não empreenderei aqui em detalhe) mostraria que esse texto fala, sem dúvida, de violência e de soberania, mas igualmente, e de maneira conjunta, através da greve geral soreliana, de uma figura radical da interrupção como resistência à engrenagem política e social; aqui também, somente a tentativa de parar o tempo pode permitir a uma outra história vir à tona, a uma esperança de ser resguardada em vez de soçobrar na aceleração imposta pela produção capitalista. A greve geral para a produção, assim como os relógios em que revolucionários atiram; é o mesmo gesto de interrupção do tempo, de quebra da continuidade histórica. Ele é tanto mais difícil de ser descrito e analisado quanto o discurso histórico tradicional repousa não só num princípio trivial de causalidade, mas também numa ideia de continuidade temporal infinita e regular, ideia que está, aliás, na fonte dessa noção exangue de causalidade. Esse segundo princípio do historicismo acarreta uma narrativa falsamente "épica"[23], como se todos acontecimentos pudessem encadear-se uns aos outros no fluxo sem obstáculos da história universal. Quer essa última encontre seu sentido num progresso cumulativo ou no tesouro de uma infinita diversidade, trata-se sempre de uma narração que pretende traduzir na sucessão das palavras e das

---

22. Tese II (*Thesen*, p. 694); trad. Rouanet, *op. cit.*, pp. 222-223; trad. Kothe, *op. cit.*, pp. 153-154.
23. Cf. *Ges. Sehr.* 1-3, p. 1241: "A liquidação do elemento épico deve ser tomada em conta" e *idem*, p. 1252: "Num trabalho de pesquisa materialista a continuidade épica deve ir se destruindo em proveito da decidibilidade (*Schlüssigkeit*) construtiva" (trad. J. M. G.). É claro que esse conceito de épico, que designa a pretensão à universalidade da narração (conceito cuja origem é provavelmente a descrição aristotélica do *epos* em oposição à tragédia na *Poética*), não pode ser confundido com a noção de "teatro épico" que Brecht empresta a Piscator e que Benjamin retomará positivamente.

frases o encadeamento do real. Que essa tradução seja ou não exata, sua possibilidade repousa sobre a certeza da continuidade histórica, no duplo sentido de continuidade de eventos e de narração. De maneira extremamente ousada, Benjamin tenta pensar uma "tradição" dos oprimidos que não repousaria sobre o nivelamento da continuidade, mas sobre os saltos, o surgimento (*Ursprung*), a interrupção e o descontínuo: "O *continuum* da história é o dos opressores. Enquanto a representação do *continuum* iguala tudo ao nível do chão, a representação do descontínuo é o fundamento da autêntica tradição"[24]. Mas este pensamento, como ele o observa anteriormente, coloca uma "aporia fundamental"[25]. Com efeito, como escrever uma história descontínua, como contar uma tradição esburacada, dizer a ruptura, a queda, o salto? Stéphane Moses descreve muito bem esse dilema e nota, com razão, que ele constitui não somente uma objeção contra o historicismo, mas também contra a historiografia marxista, "sempre ameaçada de transformar a história trágica do proletariado oprimido e de suas vãs tentativas revolucionárias numa epopeia vitoriosa", mais profundamente ainda contra toda "tentação apologética", seja ela esboçada em favor dos vencedores ou das vítimas[26]. Reencontramos aqui esse paradoxo a que nos referimos quando falamos a respeito da relação entre a "Infância Berlinense" e a *Busca* Proustiana[27]: isto é, que o desejo de tudo salvar, a exigência *deapokatastasis*, não pode se dizer no fluxo infinito da *Erinnerung* e da *Universalgeschichte*, não pode se deixar levar pelo encadeamento das palavras e das frases, mas deve construir um falar abrupto que arrisca sua própria decomposição. Acolher o descontínuo da história, proceder à interrupção desse tempo cronológico sem asperezas, também é renunciar ao desenvolvimento feliz de uma sintaxe lisa e sem fraturas[28]. Nas suas anotações às teses "Sobre o Conceito de História", Benjamin caracteriza a narração da "história habitual" (*landläufig*) pela sua preocupação com a continuidade e pela sua crença na ideia de uma *Nachwirkung*, de uma causalidade cronológica eficaz. Ele retoma essa descrição no *Passagen-Werk* e lhe dá um tom explicitamente político: a história habitual é, de fato, a "comemoração" das façanhas dos vencedores, ela é a "apologia" que tende a "recobrir os momentos revolucionários do curso da história"[29]. A essa narrativa cumulativa e complacente ele opõe, nos dois fragmentos, a necessidade de ater-se a tudo o que poderia interromper essa aparente coerência: "A ela [isto é, à habitual repre-

---

24. *Ges. Sehr.* 1-3, p. 236 (trad. J. M. G.).
25. *Idem.*
26. Stéphane Moses, *L'Ange de l'Histoire*, p. 158.
27. Cf. capítulo 4, pp. 79-80.
28. A este respeito, cf. o belo artigo de Adorno, "Parataxis", em *Noten zur Literatur* III, Suhrkamp, 1966, pp. 156 e ss.
29. Cf. os dois fragmentos paralelos de *Ges. Sehr.* 1-3, p. 1242 e do *Passagen-Werk, Ges. Sehr.* V, p. 592, fragmento N9a, 5.

sentação da história ou à apologia] escapam os lugares nos quais a transmissão se interrompe e, com isso, suas asperezas e suas arestas que oferecem uma escora àquele que quer ir além dela"[30].

Parafraseando essas linhas, podemos afirmar que aquele que quer ir além dessa tradição dos vencedores ("der über sie hinausgehen will") deve saber agarrar-se a essas asperezas (*Schroffen*), a essas arestas (*Zacken*) que lhe oferecem tantas escoras ou pontos de apoio ("die dem einen Halt bieten") na sua luta contra o fluxo nivelador da história oficial que, justamente, deixa escapar esses "lugares nos quais a tradição/transmissão se interrompe" ("Ihr entgehen die Stellen, an denen die Überlieferung abbricht"). No contexto altamente político das "Teses" e do *Passagen-Werk*, tais frases reafirmam a ligação entre interrupção e revolução – pois o que a história tradicional quer apagar são os buracos da narrativa que indicam tantas brechas possíveis no *continuum* da dominação. Mas essa figura de pensamento indica muito mais que um instrumento de luta ideológica. Ela significa mais profundamente que a verdade de um discurso não se esgota nem no seu desenrolar harmonioso, nem na sua argumentação sem falhas, nem na sua coerência interna. Essas regras da enunciação racional que a *Aufklärung* erigiu em leis são preciosas por sua virtude de clarificação contra a onipotência do mito, por sua salutar irreverência para com as respeitáveis evidências do poder. Benjamin sempre ressaltou a importância dessa tradição de autonomia e de irreverência que a *Aufklärung* nos legou[31]. Se é, portanto, absolutamente errado fazer dele um precursor do irracionalismo moderno[32], nem por isso o apego às virtudes clarificadoras da *Aufklärung* acarreta, no seu pensamento, uma definição iluminista da verdade. Em sua teoria da narração e em sua filosofia da história em particular, o indício de verdade da narração não deve ser procurado no seu desenrolar, mas, pelo contrário, naquilo que ao mesmo tempo lhe escapa e a escande, nos seus tropeços e nos seus silêncios, ali onde a voz se cala e retoma fôlego. Certamente, como o indica o fragmento do *Passagen-Werk*, essas paradas e esses silêncios são outros tantos signos daquilo que deve ou quer ser negado pelo historiador oficial ou, num mecanismo muito próximo, pelo eu consciente que se edifica sobre o recalque. Mas, além dessa "hermenêutica da suspeita" (Ricoeur), enuncia-se a convicção, aliás perfeitamente compatível com uma compreensão mais exigente da ideologia ou do inconsciente,

---

30. *Ges. Sehr.* 1-3, p. 1242 (trad. J. M. G.).

31. Deve-se citar, em particular, a edição comentada de cartas de autênticos representantes do Iluminismo alemão, "Deutsche Menschen. Eine Folge von Briefen" (*Ges. Sehr.* IV-1, pp. 149 e ss.) que Benjamin publicou sob um pseudônimo em 1931/32 e que ele julgava um livro de resistência ao nazismo. Sua fidelidade ao pensamento marxista, em particular seu entusiasmo pelo teatro de Brecht, testemunha igualmente do seu apego a esta tradição iluminista, irreverente e crítica.

32. A este respeito, cf. Sergio Paulo Rouanet, As *Razões do Iluminismo*, São Paulo, Companhia das Letras, 1987.

que ali onde o fluxo das palavras se exaure, se esgota e, às vezes (não sempre!), torna a fluir de uma fonte desconhecida, que nesses momentos de suspensão do sentido e de retomada incerta, então se afirma uma verdade que sustenta o movimento de nossas palavras e, conjuntamente, ameaça a nossa frágil e tenaz linguagem – pois ela vive desta impossível empresa que consistiria em dizer seu fundamento. Movimento de retiro e de evasão que Benjamin tematiza muito cedo, desde o ensaio sobre *As Afinidades Eletivas* de Goethe e desde a sua tese de doutorado, como aquilo que ao mesmo tempo funda a verdade da linguagem e coloca em questão a pretensão de totalidade do discurso. É o que ele chama, no contexto do ensaio sobre *As Afinidades Eletivas*, "*das Ausdruckslose*", literalmente o "sem expressão" (e não o inexprimível). Vários comentadores aproximaram com razão essa categoria do jovem Benjamin da do *sublime* kantiano[33]. Eu, de minha parte, insistirei aqui nos efeitos concomitantemente paralisadores e reveladores que o "sem expressão" provoca no interior de um texto ou de uma obra. No quadro da confrontação com a estética goetheana, Benjamin analisa este choque entre a abundância das palavras e o estremecimento do "sem-expressão" como o indício da diferença entre domínio da beleza e da aparência, o domínio do *Schein* e aquele da verdade:

> Pois, como a interrupção consegue, graças à imperiosa palavra, arrancar a verdade do discurso do mentiroso ali onde o interrompe, assim também o sem-expressão obriga a harmonia trêmula a se manter parada e eterniza, pela sua intervenção, seu tremor. Nessa eternização o belo deve responder por si, mas parece, então, como que interrompido por essa responsabilidade. O sem-expressão é esta violência crítica que não consegue, por certo, separar a aparência do verdadeiro na arte, mas que lhes proíbe misturar-se. Essa violência, ele a tem como palavra moral[34].

Neste texto de juventude altamente metafísico afirma-se já a ideia mestra de uma interrupção da história (aqui a que conta o mentiroso) que marca o lugar de uma verdade não-dita; o "sem-expressão" cumpre este mesmo gesto destrutor e salvador que caberá à crítica filosófica (depois à tradução) no pensamento de Benjamin: ele interrompe a narração, fixa a beleza em seu vivo estremecer, a mata ou a "mortifica", dirá o texto sobre o drama barroco[35] e, no mesmo lance, a eterniza nessa vibração imóvel, nesse *Stillstand* aniquilador e redentor que as "Teses" deverão definir como o verdadeiro *compreender* histórico. Benjamin ressalta em seguida a "violência crítica" deste gesto, violência que, se "não consegue... separar a

---

33. Cf. Bettine Menke, *op. cit.*, em particular pp. 114 e ss., 259 e ss., 334 e ss. Cf. igualmente Uwe Steiner, *op. cit.*, pp. 290 e ss.
34. Anotações ao ensaio sobre *As Afinidades Eletivas* de Goethe, *Ges. Sehr.* 1-3, p. 832.
35. Cf. capítulo 2, p. 45.

aparência do verdadeiro na arte" "lhes proíbe", pelo menos, "misturar-se"; um gesto, portanto, que inscreve uma fissura no âmago da obra de arte: destrói a ilusão de que a beleza seja totalidade, pois ela não é verdade, mas, sim, ela é somente beleza na dialética entre a aparência e o aparecer; derruba igualmente a pretensão de uma verdade que queira se expor e se recolher totalmente na autorreflexão de uma narrativa absoluta. Essa "violência crítica" é a da "palavra moral", pois, para o Benjamin da "Crítica da Violência" e do ensaio "Sobre a Língua em Geral...", a palavra verdadeiramente moral corta, julga, separa, estabelece assim as distinções necessárias para a ação decisiva que, de outro modo, se atolaria na desmedida e na indeterminação[36].

Nesses textos do início dos anos de 1920, interrupção, violência crítica e verdade já são indissociáveis; elas continuarão a sê-lo até a última reflexão de Benjamin sobre a necessidade de uma outra escrita da história e de uma outra história[37]. Até mesmo seu interesse crescente pela obra de Brecht, em particular pelo teatro do *Verfremdungseffekt* (efeito de distanciamento, de estranhamento), portanto da interrupção provocada tanto na trama da ação como na identificação dos espectadores, remete a esta ligação privilegiada entre interrupção, crítica e verdade. O que deve submeter-se à violência da crítica filosófica ou da historiografia "materialista", à violência revolucionária ou messiânica, é sempre uma "totalidade falsa", seja ela a ilusão mítica da beleza goetheana ou a narração, por demais coerente, da história ordinária. Na passagem correspondente do ensaio sobre *As Afinidades Eletivas*, o "sem-expressão" é o indício da verdade, porque rompe a falsa totalidade estética e transforma a obra em cacos, em "fragmento do mundo verdadeiro", em "torso de um símbolo"[38]. Esse gesto de ruptura salvadora, que também será o do intérprete alegórico, do tradutor e do historiador, é definido aqui como uma fratura inerente à linguagem mesma, particularmente à linguagem poética: é a paragem e o sopro marcados pela *cesura* que escande o verso ao interrompê-lo. Benjamin cita aqui as observações decisivas de Hölderlin nos seus comentários às traduções de Sófocles[39]; citação

---

36. "Zur Kritik der Gewalt", *Ges. Sehr.* II-l, pp. 179 e ss.; trad. bras., Willi Bolle, "Crítica da Volência – Crítica do Poder", em W. Benjamin, *Documentos de Cultura – Documentos de Barbárie* (*Escritos Escolhidos*), São Paulo, Cultrix/Edusp, 1986, pp. 160-175; cf. igualmente "Über die Sprache überhaupt und über die Sprache des Meschen", *Ges. Sehr.* II-l, pp. 140 e ss.

37. Cf. a este respeito, Bettine Menke, *op. cit.*, pp. 336 e ss.

38. Texto do ensaio sobre *As Afinidades Eletivas* de Goethe, p. 1981: "Este [o sem-expressão] quebra em toda bela aparência o que nela sobrevive como a herança do caos: a falsa, enganadora totalidade – a absoluta. Só completa a obra aquilo que a fratura e a torna uma obra em pedaços, o fragmento do mundo verdadeiro, o torso de um símbolo" (trad. J. M. G.). Passagem paralela nas anotações a esse ensaio, *Ges. Sehr.* 1-3, pp. 832-833. A este respeito cf. também Uwe Steiner, *op. cit.*, pp. 290-291.

39. Hölderlin, *Anmerkungen zum Oedipus*, em Hölderlin, *Werke und Briefe*, ed. por Friedrich Beissner e Jochen Schmidt, Insel-Verlag, 1969, vol. II, pp. 730-731. Citado

que faz eco à homenagem prestada a essas mesmas traduções – e ao risco de mutismo que implicam – no fim do ensaio sobre "A Tarefa do Tradutor"[40]. A cesura é definida por Hölderlin como uma "interrupção antiarrítmica" (*gegenrhythmische Unterbrechung*) que resiste ao fluxo das representações para deixar aparecer "a representação mesma", isto é, não só o encadeamento das imagens, mas também o próprio trabalho do pensamento imaginativo. Ao interromper o desenrolar da frase, a cesura marca o lugar conjunto da cessação e do surgimento da linguagem: lugar angustiante onde o fôlego está suspenso como se, abandonado pelas palavras, se apagasse na noite do impensado; lugar feliz onde o fôlego renasce como ao retomar-se a respiração para aventurar-se num novo caminho, em direção a novas palavras, à prova de um novo verso. Hölderlin elabora uma teoria da cesura segundo um "cálculo conforme à lei" (*gesetzmässiges Kalkül*): ao fazer intervir o descontínuo, a cesura opera a partilha trágica no seio de um verso e, igualmente, no corpo mesmo da tragédia. Em *Édipo Rei* e em *Antígone* ela não intervém, decerto, no mesmo momento; desde o início da peça em *Édipo*, mais pelo fim em *Antígone*, são, no entanto, cada vez as declarações de Tirésias, como ressalta Hölderlin, que a introduzem: Tirésias, o adivinho cego que vê o passado e o futuro, interrompe o escoamento do tempo habitual e inscreve no presente trágico a cesura da verdade.

Princípio de interrupção do discurso inerente ao discurso mesmo, a cesura inscreve no coração da linguagem seu fundamento verdadeiro pela própria supressão desta: ali onde as palavras se esvaem com o risco de não mais voltar, ali também podem como que retomar fôlego e ressurgir. No pensamento de Hölderlin e no de Benjamin a cesura é, deste modo, uma figura privilegiada da interrupção salvadora, pois não intervém somente de fora, de uma decisão subjetiva como a do historiador ou do crítico, mas escande muito mais profundamente o movimento mesmo do *logos*; ela é a expressão daquilo que, paradoxalmente, funda nossa linguagem e a entrega ao aniquilamento – pois sua verdade não reside no infinito escoamento de nossas palavras, mas neste sopro "sem-expressão" que as forma e as traz ou as dispersa e as perde.

Para voltar a uma teoria da narração e da historiografia, as fraturas que escandem a narração não são, portanto, simplesmente as marcas da desorientação moderna ou do fim de uma visão universal coerente. São, igualmente, os indícios de uma falha mais essencial da qual pode emergir uma outra história, uma outra verdade (da qual podem nascer outras histórias, outras verdades). Uma possibilidade que, cumpre repeti-lo mais uma vez, nunca é garantia. Nas teses "Sobre o Conceito de História", a tarefa do historiador "materialista" é definida, essencialmente, pela produção dessas rupturas eficazes.

por Benjamin no ensaio sobre *As Afinidades Eletivas*, pp. 181-182.
40. Cf. capítulo 1, p. 25.

Longe de apresentar de início um outro sistema explicativo ou uma "contra-história" plena e valente, oposta e simétrica à história oficial, a reflexão do historiador deve provocar um abalo, um choque que imobiliza o desenvolvimento falsamente natural da narrativa:

> Ao pensar pertence não só o movimento dos pensamentos, mas também sua imobilização. Onde o pensamento se detém repentinamente numa constelação saturada de tensões, ele confere a ela um choque através do qual se cristaliza como mônada[41].

Esse gesto crítico, eminentemente próximo daquele do teatro brechtiano, é, assim, definido como sendo uma intervenção eficaz, até brutal, que interrompe a história da história como os franco-atiradores revolucionários paravam o tempo dos relógios[42]. Intervenção que não significa, é importante observá-lo, a oferta apressada de uma narrativa substitutiva. Não se trataria, portanto, em particular nas teses "Sobre o Conceito de História", de propor uma outra interpretação de seu passado à humanidade, o que a historiografia marxista fez muitas vezes com essa boa vontade fatal, bem conhecida. O historiador "materialista" tem, decerto, suas hipóteses de explicação e de compreensão próprias que o orientam. Mas seu trabalho não visa produzir um outro discurso histórico tão exaustivo e coerente como aquele ao qual se opõe. O conhecimento do passado não é um fim em si; porém, se a exatidão e a precisão históricas são imprescindíveis, é porque devem permitir ao historiador interromper, com conhecimento de causa, a história que hoje se conta, para inscrever nessa narrativa, que parece se desenvolver por si mesma, silêncios e fraturas eficazes. O que poderá, então, ser balbuciado remete aos riscos, que nenhum saber preexistente conseguiria impedir, daquilo que poderia talvez se chamar a liberdade histórica: poder se lembrar do sofrimento e do passado sem que esse peso seja negado ou diminuído, mas sem que ele tampouco se transforme em fardo inexorável; ousar, ao mesmo tempo, operar essa retomada transformadora no e pelo presente que a dinâmica salvadora da *origem* já descrevia no "Prefácio" ao livro sobre o barroco. Lembrar-se, portanto, por amor ao passado e a seus sofrimentos esquecidos, decerto, mas igualmente, de maneira ainda mais perigosa, lembrar-se por amor ao presente e à sua necessária transformação. Não se trata, portanto, de arquivar e de tesaurizar o passado numa espécie de fidelidade exangue, pretensamente desinteressada e científica, como o afirma o historicismo. Também não se trata de edificar a continuidade heroica de uma con-

---

41. "Über den Begriff der Geschichte", pp. 702-703, Tese XVII. Trad. Rouanet, *op. cit.*, p. 231; trad. Kothe, *op. cit.*, pp. 162-163. A tradução usada é de Marcos L. Müller e J. M. Gagnebin. A respeito dessa paralisação, desse *Stillstand*, cf. o livro de R. Konersmann, *op. cit.*

42. Tese XV, "Über den Begriff der Geschichte", p. 702. Trad. Rouanet, *op. cit.*, p. 230; trad. Kothe, *op. cit.*, pp. 161-162.

tra-história ou de consolar os humilhados de hoje pela evocação de gloriosos amanhãs, como em tantas variantes iluministas ou marxistas da historiografia. Diferentemente também do pensamento *utópico*, para quem o passado é um manancial de imagens ideais, carregadas de um sentido futuro, o pensamento de Benjamin me parece se aproximar mais da tradição *profética* judaica, isto é, de uma palavra corrosiva e impetuosa que subverte o ordenamento tranquilo do discurso estabelecido; subversão tanto mais violenta quanto ela é também o lembrar de uma promessa e de uma exigência de transformação radical: "Paradoxal lembrar hebraico, paradoxal *zekher*, pois funda a visão do futuro e não a nostalgia do passado"[43]. Um paradoxo que se esclarece, se se compreende que o verdadeiro objeto da lembrança e da rememoração não é, simplesmente, a particularidade de um acontecimento, mas aquilo que, nele, é criação específica, promessa do inaudito, emergência do novo. Se a lembrança se contenta em conservar piamente o passado numa fidelidade inquieta e crispada, ela se torna, sub-repticiamente, infiel a ele porque negligencia o essencial: o que havia nele de renovação e que só pode repetir-se sendo outro, criação e diferença. Essa estrutura paradoxal do lembrar criador e transformador (inerente à compreensão autêntica do *rito*)[44], funda a concepção benjaminiana de uma escrita da história ao mesmo tempo destrutora e salvadora. A veemência, mesmo a violência da tradição profética e a radicalidade da tradição marxista se encontram aqui na exigência de uma salvação que não consista simplesmente na conservação do passado, mas que seja também transformação ativa do presente[45].

A ideia de *interrupção* e, de maneira mais específica, o conceito de *cesura* preenchem assim na reflexão historiográfica de Benjamin uma função dupla: em primeiro lugar, criticam uma concepção trivial da relação histórica, em particular uma relação de causalidade determinista, tão fácil de estabelecer *a posteriori*; a essa causalidade achatada opõe a intensidade de um encontro súbito entre dois (ou mais) acontecimentos que, de repente, são (com)preendidos pela interrupção da narração e se cristalizam numa significação inédita: processo de significação baseado na semelhança repentinamente percebida entre dois episódios, que podem estar distantes na cronologia, e, ao mesmo tempo, baseados em suas diferenças reveladoras de uma inserção histórica distinta. Pode-se aproximar essa concepção da sig-

---

43. Shmuel Trigano, "La voix, la voix de Jacob. Zékher, filiation, historicité d'Israël", *Colloque des Intellectuels Juifs*, Paris, Denoël, 1986; *Mémoire et Histoire*, p. 213. A esse respeito, cf. igualmente Y. H. Yerushalmi, *Zakhar: História Judaica e Memória Judaica*, Rio de Janeiro, Imago, 1993.
44. Cf. o belo artigo de Henri Atlan no mesmo número do *Colloque des Intellectuels Juifs*, "La mémoire du rite: métaphore et fécondation", em particular pp. 38 e ss.
45. "Deveriam crítica e profecia ser as categorias que se juntam na 'salvação' do passado?", pergunta Benjamin nas anotações às "Teses", *Ges. Sehr.* 1-3, p. 1245.

nificação histórica do combate nietzschiano contra as dicotomias rígidas e contra os encadeamentos pretensamente científicos da metafísica tradicional; ou, ainda, das descrições freudianas dos mecanismos de significação baseados no deslocamento e na semelhança, mecanismos irredutíveis a aberrações do inconsciente, pois determinam até nosso pensamento e nossa ação conscientes. Por fim, deve-se naturalmente ressaltar o quanto a construção historiográfica de Benjamin deve à teoria proustiana da semelhança e da metáfora[46], de maneira mais geral a uma tradição estética e filosófica para as quais o *logos*, em seu sentido pleno de linguagem e de pensamento, também é sempre (reconhecimento ativo de similitudes e produção de imagens; uma tradição que tem por fonte a *Poética* de Aristóteles, em particular a teoria aristotélica da *mimesis* e da metáfora[47], e à qual é possível apelar com todo direito contra uma concepção trivialmente iluminista ou positivista de razão – sem, por isso, dever ceder às numerosas armadilhas do irracionalismo. Em segundo lugar, a cesura opera uma ruptura no desenvolvimento falsamente "épico" da narrativa; contra a ilusão tentadora que queria ver no fluxo de nossas palavras a abundância da natureza, ela lembra que nossa narração (em particular nossa "história"!) não segue por si mesma, que ela é o resultado de decisões singulares, até arbitrárias, e não o fruto de um processo universal e orgânico. Em particular, a cesura impõe uma advertência imperiosa a esta pretensão de absoluto e de infinito de um discurso que funda sua competência no seu próprio desenvolvimento; pela parada, pela queda súbita da linguagem, ela marca seu fim, sua morte e o que, nessa última exaustão, seria sua fonte indizível. No âmago de nossa linguagem a cesura é, assim, como o eco privilegiado desta interrupção que Benjamin qualifica de "messiânica", pois destrói a continuidade que se erige em totalidade histórica universal e salva o surgimento do sentido na intensidade do presente.

A mim me parece absolutamente notável que estes dois perigos, aos quais se atem a reflexão historiográfica de Benjamin, o de uma causalidade banal e o de uma falsa epicidade infinita, que ambos sejam, igualmente, o objeto de críticas contemporâneas ligadas à problemática da narração. Gostaria de mencionar em particular as observações, oriundas da psicanálise e da história, a respeito da dolorosa narração do sofrimento, passado ou presente, a que se enraíza na obscuridade do inconsciente pessoal ou, então, a que se inscreve

---

46. A este respeito, cf. Krista Greffath, *op. cit.*, pp. 65 e ss. e 110 e ss. e J. M. Gagnebin, *op. cit.*, pp. 103 e ss.

47. Cf. Aristóteles, *Poética*, 48 b 5 e ss. e 57 b 6 e ss. A este respeito cf. Jacques Derrida, "La mythologie blanche. La métaphore dans le texte philosophique", em *Marges de la Philosophie*, Paris, éd. Minuit, 1972, em particular pp. 274 e ss. Cf. também J. M. Gagnebin, *op. cit.*, pp. 103 e ss. e 125 e ss.

nas trevas de uma experiência coletiva, como a *Shoah* ("desastre", "catástrofe" em hebraico). Não consiste, em primeiro lugar, todo esforço daquilo que se poderia arriscar a chamar de narração analítica na quebra da coerência ilusória de uma história repetitiva e renitente que o sujeito entretém como garantia de sua identidade e na qual, ao mesmo tempo, ele se aprisiona? Podemos também observar que as intervenções do analista não teriam como alvo primeiro opor a essa história uma contra-história, uma "interpretação" certamente diferente da primeira, mas tão constrangedora e restritiva quanto ela, numa espécie de luta interminável e estéril entre duas versões divergentes da mesma vida; elas deveriam, muito mais, provocar rupturas nessa narrativa por demais convincente, designar seus furos, seus brancos, retomar o tropeço e o ato falho para o sujeito se arriscar, no seu presente, a andar, a agir diferentemente.

Quanto à reflexão mais autêntica consagrada à historiografia da *Shoah*, ela se vê confrontada à imperiosa necessidade de lutar contra o esquecimento pelo trabalho de rememoração ou de testemunho e, ao mesmo tempo, à impossibilidade de encontrar as palavras que digam o horror sem nome, em particular à impossibilidade de dar suas razões e de formular explicações adequadas a seu respeito. Em autores tão avisados como Primo Levi e Claude Lanzmann[48], essa última impossibilidade não é somente constatada ou lamentada; ela é muito mais objeto de uma reivindicação ética precisa: transmitir sem que "nenhum saber verdadeiro preexista à transmissão"[49], evitar as tentações que ofereceria a satisfação de, como se diz, encontrar uma boa explicação, de conseguir entender, e isso porque, como escreve Primo Levi, "compreender é quase justificar"[50]. Sob a pena de autores tão sóbrios, cuja força nasce da resistência às facilidades do *pathos*, essas declarações não implicam, absolutamente, recusa da racionalidade; significam muito mais a exigência radical de subversão de nosso pensamento e de nossa linguagem, exigência motivada pela recordação ativa do sofrimento (um transtorno que se lê nas páginas de Primo Levi e se vê nas imagens de Lanzmann com tanto mais força quanto nenhum comentário compadecido ou tagarela as acompanha). O que Lanzmann chama "a obscenidade absoluta do projeto de compreender"[51], isto é, querer conseguir responder à ques-

---

48. Na abundante literatura sobre a *Shoah*, privilegiamos os seguintes textos: Primo Levi, *É Isto um Homem?* (trad. de Luigi dei Re), Rio de Janeiro, Rocco, 1988; Claude Lanzmann, *Shoah* (texte du Film), Paris, Fayard, 1985; Claude Lanzmann, "Hier ist kein warum", *Nouvelle Revue de Psychanalyse* n. 38, Paris, Gallimard, out. 1988, p. 263; Anne-Marie Haudebine-Gravaud, "L'écriture Shoah", em *Shoah (lefilm). Des psychanalystes écrivent*, Paris, Jacques Grancher éditeur, 98 Rue de Vaugirard, pp. 84 e ss.
49. Claude Lanzmann, "Hier ist kein warum", p. 263.
50. Primo Levi, apêndice da edição francesa *Si c'est un homme?*, Julliard, Presse Pocket, 1987, p. 211.
51. Claude Lanzmann, "Hier ist kein warum", p. 263.

tão "por que os judeus foram mortos?", remete, então, à grande tentação da metafísica que também é a do "bom" senso: a que consiste em querer recobrir tudo com palavras, a querer tudo dobrar, mesmo o sofrimento injustificável, mesmo o êxtase da felicidade, às regras de apropriação racional e linguística do sujeito, com a dupla intenção de confirmar seu poder e denegar ao real sua potência de interrogação. Nossa linguagem só seria, portanto, uma máquina magnífica e sem arrancos, um sistema cada vez mais correto de apreensão e de enclausuramento daquilo que, no entanto, continua a escapar de sua captura. E nossa linguagem é isso às vezes, até frequentemente, às vezes com razão, em certos discursos cuja validade se resume à coerência interna. Mas quando se trata de história e, neste caso preciso e doloroso, desta história, ao mesmo tempo real e inexprimível, dos vencidos e dos mortos, é justamente o que lhes escapa, o que se esquiva de todo vocabulário e de toda sintaxe que, paradoxalmente, confere às palavras sua frágil mas preciosa fidelidade: a de descrever com minúcia e sobriedade não com a vã intenção de tudo compreender, de tudo explicar, de tudo *erledigen* (como se diz tão bem em alemão), mas em vista do passado no presente, isto é, em vista de um presente verdadeiro que acolhe o sofrimento irresolvido e o diz em sua irresolução mesma, em vez de aferrar-se a uma ilusória resolução.

Essa exigência ética de respeito em relação ao sofrimento, mais especificamente esse reconhecimento que nenhum discurso saberia justificá-lo, acarreta em autores como Levi e Lanzmann algumas normas historiográficas e narratológicas muito próximas das que Benjamin tentou formular. A radicalidade do sofrimento intervém na narração como o escândalo que não pode ser eludido: portanto, como o que cria um escolho do escoamento regular das palavras, o que faz se exaurir e se interromper seu fluxo[52]. Próximo por seus efeitos linguísticos do "sem-expressão" de Benjamin (e do "sublime" de Kant), esse escândalo reconhecido como tal também o é pela sua dupla função de fonte da narração e de obstáculo à linguagem: ele é aquilo que nunca conseguiremos realmente dizer e, por isso mesmo, aquilo que nos proíbe de nos calarmos e de nos esquecermos. Essa exigência paradoxal de transmissão sem inteligibilidade[53] acaba sendo talvez a última maneira de atestar a possibilidade de uma dignidade humana, dignidade essa que a "solução final", ao organizar calmamente a aniquilação de todo um povo singular, devia igualmente aniquilar na sua universalidade tranquila. Como se continuar a transmitir aquém de toda explicação, continuar a falar mesmo sem saber

---

52. Interrupções, quedas, choques que vivem os protagonistas do filme *Shoah*, com o risco de não mais conseguirem falar. A este respeito cf. o artigo de Anne-Marie Houdebine-Gravaud, *op. cit.*

53. Para retomar os termos de Lanzmann ("Hier ist kein warum") tão próximos daqueles usados por Benjamin a respeito de Kafka (cf. capítulo 3, p. 69).

se, um dia, alguém ouvirá, como se essa absurda e última aposta na linguagem e na comunicação desenhasse ainda a figura frágil de uma possível humanidade. Renunciar a contar e a transmitir, mesmo por falta de palavras ou por excesso de dor, significaria, de uma certa maneira e sem querê-lo, pactuar com a ignomínia. Há, portanto, que obrigar-se a falar e a escrever, como faz Primo Levi, que começa seu manuscrito no laboratório de Auschwitz, usando folhas que ele está pronto a destruir a cada instante, e isso apesar deste sonho renitente – ou, talvez, muito mais por causa dele – que muitos de seus companheiros, "talvez... todos"[54] têm cada noite: o sonho com a volta para casa, com a felicidade intensa de contar a seus próximos o horror vivido e passado e depois, de repente, a consciência de que ninguém escuta, de que os auditores levantam e vão embora, indiferentes. A "pena desolada", a "dor não temperada" que invadem o adormecido lhe lembram "certas mágoas da infância que ficam vagamente em nossa memória" e o obrigam a acordar-se. Ele escuta seus companheiros mexerem num sono agitado, ele os ouve "estalar os lábios e mexer os maxilares" porque sonham o segundo grande sonho coletivo, o de poder comer para saciar a fome – pois aniquilar um homem é tanto privá-lo de comida como privá-lo de palavra. Primo Levi pergunta então: "Por que o sofrimento de cada dia se traduz, constantemente, em nossos sonhos, na cena sempre repetida da narração que os outros não escutam?"[55]. E o livro que escreve contra o horror é como a resposta possível e viva a essa questão, como o filme de Lanzmann, no qual este usa às vezes de violência para obrigar seus interlocutores a se lembrarem e a dizerem essa lembrança, abrindo caminho a uma palavra balbuciante, entrecortada, despida e salvadora em sua nudez mesma[56].

Além da descrição ou da explicação dos fatos, a história humana teria assim por tarefa paradoxal a transmissão daquilo que não pode ser contado, a fidelidade ao passado e aos mortos mesmo – principalmente – quando não conhecemos nem seus nomes nem seu sentido. Estranha narração da qual já testemunha a tradição mítica, cuja força salvadora surge mais de sua própria enunciação que dos conteúdos enunciados. Numa de suas mais belas "imagens de pensamento" (*Denkbilder*), Benjamin evoca o valor terapêutico e salvador desta *narração* paciente que, como o gesto lento e preciso das mãos acariciantes, pode acarretar a cura[57]. A história contada pelo doente

---

54. Primo Levi, *E Isto um Homem!*, p. 60. Não é por acaso que este sonho está no centro do capítulo 5, intitulado "Nossas Noites".
55. *Idem*, p. 60.
56. Cf., em particular, os diálogos comentados por Anne-Marie Houdebine-Gravaud, *L'écriture Shoah*, pp. 145 e ss.
57. Walter Benjamin, "Erzählung und Heilung", em "Denkbilder", *Ges. Sehr.* IV-1, p. 430; trad. bras., "Imagens de Pensamento", *Obras Escolhidas*, vol. II, São Paulo, Brasiliense, p. 269. Modifico essa tradução. O mesmo texto se encontra, com variantes, na peça "A Febre" da "Infância Berlinense".

na curta anamnese da consulta médica ou na longa narração da psicanálise, a que Benjamin alude nas suas anotações[58], ou ainda, poderíamos acrescentar, a retomada de uma história coletiva até aí fadada ao silêncio e à noite, todas essas narrativas devem, para ser "o começo de um processo curativo" ter a força de romper o que como "uma barragem [...] resiste ao fluxo narrativo", isto é, "a dor", essa dor que não quer saber de sua história. Insistência notável que ressalta que, para Benjamin, o obstáculo real à enunciação verdadeira da história, a essa retomada do passado na fidelidade transformadora do presente, não é tanto de ordem epistemológica ou científica, mas, muito mais, de cunho ético e político: a dificuldade do sofrimento vir a ser realmente dito, isto é, a exigência de trabalhar essa narração árdua, de desfazer os nós da dor na multiplicidade das palavras, de torná-la como que mais fluida para poder levá-la, diz Benjamin, no fluxo de uma narração redimida "até o mar do feliz esquecimento" ("ins Meer glücklicher Vergessenheit").

Nessa notável metáfora, o esquecimento não é sinônimo de perda, como ocorre tantas vezes na reflexão historiográfica de Benjamin, sempre preocupado em salvar o passado de um abandono definitivo. O esquecimento remete aqui à felicidade porque não significa mais negligência e injustiça, mas, além desta rememoração perigosa que é a dolorosa narração da história, a intensidade do presente. Essa noção positiva de esquecimento é certamente no pensamento de Benjamin, e como várias passagens das "Teses" o testemunham, o eco da crítica nietzscheana à concepção de uma memória reivindicadora e infinita[59]. Em Nietzsche, como em Benjamin, trata-se de lutar contra a transformação da memória do passado numa espécie de repetência eternamente vingativa, nesse discurso interminável do ressentimento cuja primeira meta não é, sob suas aparências piedosas, a fidelidade ao passado, mas sim a infidelidade ao presente. O esquecimento significa aqui a resposta ativa ao apelo do presente e à promessa do futuro. O fato de Benjamin retomar esta noção nietzscheana de um alegre esquecimento também me parece ligado à sua crítica do conceito hegeliano de uma *Erinnerung* (recordação, lembrar) totalizante e infinita, na qual a majestade do espírito absoluto se trans-

---

58. *Ges. Sehr.* IV-2, p. 1008.
59. F. Nietzsche, *Genealogie der Moral*, segunda dissertação, primeiro §, ed. Colli Montinari, vol . 5 (*Genealogia da Moral*).F. Nietzsche, "Von Nutzen und Nachteil der Historie für das Leben". (*Zweite unzeitgemässe Betrachtung*), ed. Colli Montinari, vol. I. *Segunda Consideração Intempestiva*).A respeito do esquecimento em Nietzsche, cf. Gilles Deleuze, *Nietzsche et la Philosophie*, Paris, PUF, 1973, pp. 128 e ss. e 153 e ss. Pierre Bertrand, *L'oubli révolution et mort de l'histoire*, Paris, PUF, 1975. Henri Birault, *Note sur "Oubli et mémoire" dans la philosophie de Nietzsche. En guise de préface à Nietzsche, Généalogie de la Morale*, Les Intégrales de Philosophie, Paris, Nathan, 1981, pp. 7 e ss. Sobre a relação de Benjamin e Nietzsche, cf. Helmut Pfotenhauer, "Benjamin und Nietzsche", em *Walter Benjamin in Kontext*, ed. Burkhardt Lindner, Athenäum, 1978, pp. 100 e ss. Igualmente, Ernani P. Chaves, *Mito e História: um Estudo da Recepção de Nietzsche em Walter Benjamin*, tese de doutorado, manuscrito, USP, 1993.

forma facilmente em apologia do desenrolar histórico; e na qual a linguagem que queria dizer tudo, até sua própria negatividade, se embala em sua autossuficiência e sua profusão e não pode mais acolher, como no côncavo das ondas ou das mãos, este sopro que ela não é, mas que a preenche. No movimento sem fim da *Erinnerung*, o esquecimento inscreve o vazio de tudo aquilo de que ela não saberia se lembrar; marca a insuficiência, a falha da memória, mas é também, através da ruptura que introduz neste discurso que pretende tudo recobrir, a recordação insistente daquilo que a *Erinnerung*, por si só, não pode recordar: isto é, que a acumulação cada vez mais completa das lembranças não é a visada última da narração do historiador. Porque marca a carência da *Erinnerung*, também designa o que a leva além dela mesma; o esquecimento incisivo introduz, assim, uma *cesura* específica no discurso da história. Com efeito, a felicidade, a alegria profunda do esquecimento é, para além de uma fruição beata, de não ter mais que se lembrar, de poder deixar o passado atrás de si, de não ter mais que carregar esse peso insuperável, de poder se livrar dessa carga e, como nela se apoiando para tomar impulso, de pular para frente com uma nova leveza. Felicidade muito rara, por certo, que ilumina a história só brevemente, nestes momentos de liberação tantas vezes desgraçadamente enganosos. Felicidade que sobretudo, como o indica a metáfora benjaminiana do rio que deve romper a barragem do sofrimento para chegar ao mar, pressupõe o longo e penoso caminhar da memória, esse trabalho paciente e árido do lembrar. Pode até ser que não saiamos dele, que o trabalho de resgate (*Rettung*) desse passado desconhecido e recalcado absorva todas nossas forças como, no caso pessoal de Benjamin, o amontoamento das notas do *Passagen-Werk* tende a prová-lo.

Nada de mais errado, portanto, que fazer de Benjamin o cantor despreocupado de uma desenvoltura, pós-moderna ou não, em relação ao passado. Parecer-me-ia, porém, igualmente errôneo interpretar sua filosofia da história como a reivindicação apaixonada e melancólica de um infinito recolher. Pois, mesmo se o trabalho do historiador for definido por essa recoleção tenaz e paciente, seu desígnio profundo não se esgota nem na tesaurização nem na exaustão. O que desejam o historiador "materialista", o crítico e o tradutor autênticos, é sempre, em Benjamin, a salvação, isto é, *mais que a conservação* piedosa do passado e das obras, *mais que sua preservação*, para sempre, nos arquivos e nas bibliotecas da memória. Esses gestos de conservação e de preservação são, certamente, essenciais; definem com sobriedade e humildade o trabalho humano. Mas não esgotam a significação da salvação, mais precisamente ainda da *redenção* (*Erlösung*) que Benjamin sempre definiu igualmente, de maneira fundamentalmente anárquica e profundamente teológica, como o que não é somente libertação, mas também desenlace, dissolução (*Er-lösung*)⁶⁰, o que põe fim à história e às obras, o que as aniquila e as consome. Combustão última onde resplandece a breve cintilação da felicidade em sua relação essencial com a morte, como a descrevia o "Fragmento Teológico-político". Como o ressaltava esse texto e como o redizem as "Teses", a verdadeira redenção não é de nossa competência, ela pertence ao Messias. Sob esse título muitíssimo comentado gostaria de ler, em primeiro lugar, antes de toda declaração de fé em qualquer aparição pessoal da divindade, o nome, certamente emprestado à tradição religiosa judaica, daquilo que surge no tempo da história humana, esse tempo da compensação (Levinas) e da vingança, como sua alteridade fundadora: tempo um do cumprir e do apagar que, além de todas vantagens e desvantagens da lembrança, põe um termo ao mau infinito das histórias e das ações humanas e instaura o *perdão*. Ao mesmo tempo, dádiva e entrega (como o sublinha o alemão *vergeben*), o perdão interrompe o discurso interminável das repreensões e das justificações e quebra a engrenagem da dívida e do pagamento. Cesura última e doação primeira, somente essa ruptura na economia da vingança e na ordem da retribuição pode apaziguar o sofrimento e redimir o passado. Numa belíssima página a esse respeito, Hannah Arendt observa que os homens só conseguem verdadeiramente perdoar aquilo que podem também castigar e, reciprocamente, só conseguem castigar o que poderiam também perdoar, porque ambos, perdão e castigo, põem fim a este "automatismo implacável da ação que, por si, nunca consegue parar"⁶¹. É característico, acrescenta, que o que os homens não podem realmente punir, o que a tradição filosófica desde Kant chama de "mal radical", eles tampouco conseguem perdoar (e por isso não conseguimos verdadeiramente punir Eichmann, nem verdadeiramente perdoá-lo). Por isso toda boa vontade humana não conseguiria nos consolar da inumanidade do sofrimento; somente o pode o que é, igualmente, "inumano", o que interrompe o discurso da memória e da justificação, o que, ao mesmo tempo, pulveriza e salva essa história infinitamente repetida: este outro, ao mesmo tempo íntimo e totalmente estranho, que subverte e, secretamente, sustenta a humanidade dos homens. Benjamin o chama messiânico, para melhor marcar sua alteridade fundadora. Ora, se o Messias pode surgir, tão imprevisível como resplandecente, a cada segundo do futuro⁶², ele também pode, esquecido e despre-

---

60. O radical *lös* de *Erlösung* remete tanto à solução (*Lösung*) de um problema como à dissolução (*Auflösung*) de um elemento ou do desenlace de uma história; por isso é sempre problemático traduzir essa palavra simplesmente por *redenção*. Cf. Stéphane Moses, *L'Ange de l'Histoire*, p. 181.
61. Hannah Arendt, *Condition de l'homme moderne*, Paris, Calmann Lévy, 1983 (Col. Agora), p. 307. A respeito do perdão cf., também, o n. 4 da revista *Autrement*, "Le pardon, briser la dette et l'oubli", abr. 1991, número dirigido por Olivier Abel.
62. Teses, "Über den Bregriff der Geschichte", p. 704; trad. Rouanet, *op. cit.*, p. 232; trad. Kothe, *op. cit.*, p. 163.

zado, vegetar às portas da cidade sob a figura de um mendigo[63]. Nada assegura nem sua proximidade nem mesmo seu esplendor, nada garante sua vinda. As imagens da teologia dizem um sentido essencial, talvez o único, elas não constituem sua caução. Resta esta paciência ativa e tenaz que Benjamin também chama de "atenção" e que percebe nas falhas da linguagem e da história como o indício de uma felicidade possível, esta felicidade que visa a ordem do político, em sua profanidade e materialidade radicais.

Em certos textos de Benjamin surgem, discretos, evasivos e insistentes, como cabe às personagens da teologia, os secretos mensageiros da felicidade: os anjos[64]. Anjos com rosto inumano[65], com garras afiadas e destrutoras[66], com olhos escancarados[67], com asas nas quais a tempestade se entranha, eles se assemelham a tudo aquilo de que tivemos que nos separar[68], eles são o rosto afastado da ausência[69], um sopro refrescante que já se esvai sem, talvez, que o tivéssemos percebido[70]. Introduzem no escoamento moroso do cotidiano e do cansaço a cesura imperceptível de um tempo outro, simultaneamente efêmero e mais verdadeiro; são a figura evanescente de uma intensidade que, segundo Benjamin, funda a única atualidade verdadeira. No texto programático que anunciava a revista *Angelus Novus* (uma revista, aliás, que nunca chegaria a ser publicada!), Benjamin cita, para concluir, os anjos efêmeros da tradição talmúdica:

> Pois os anjos – novos a cada instante em inúmeras multidões – são, segundo uma lenda talmúdica, mesmo criados para, depois de terem cantado seu hino na frente de Deus, cessar e desaparecer no nada. Que uma tal atua-

---

63. Sobre o tema do Messias desconhecido e sofredor cf. Gershom Scholen, *As Grandes Correntes da Mística Judaica*, São Paulo, Perspectiva, cap. 8; Gershom Scholen, *Judaica* I, Suhrkamp, 1963/1981, cap. 1 e 7; Gershom Scholen, *Judaica* III, Suhrkamp, 1970/1981, cap. 5.
64. Sobre os anjos em W. Benjamin, cf. Gershom Scholen, "Walter Benjamin und sein Engel", em *Zur Aktuatität Walter Benjamins*, diversos autores, Suhrkamp, 1972, pp. 87 e ss.; Anna Stüssi, *Erinnerung an die Zukunft*, pp. 120 e ss.; Stéphane Moses, *L'Ange de l'Histoire*, pp. 145 e ss.
65. W. Benjamin, "Agesilaus Santander", em G. Scholen, "Walter Benjamin und sein Engel", p. 99; W. Benjamin, "Karl Kraus", *Ges. Sehr.* II-l, p. 367. Cf. Anna Stüssi, *op. cit.*, p. 127.
66. Walter Benjamin, "Agesilaus Santander", p. 99.
67. Walter Benjamin, Teses, "Über den Begriff der Geschichte", Tese IX, pp. 697-698; trad. Rouanet, *op. cit.*, p. 226; trad. Kothe, *op. cit.*, pp. 157-158.
68. Walter Benjamin, *op. cit.*
69. Walter Benjamin, "Agesilaus Santander", p. 101; cf. Anna Stüssi, *Erinnerung an die Zukunft*, p. 123.
70. W. Benjamin, "Ein Weihnachtsengel", em "Berliner Kindheit", p. 282; trad. bras., "Um Anjo de Natal", em "Infância Berlinense", pp. 120-121. Cf. Anna Stüssi, *op. cit.*, pp. 120 e ss.

lidade, que é a única verdadeira, caiba à revista, é isso que seu nome deveria significar[71].

Essa atualidade frágil e gloriosa, onde a jubilação do canto se une a seu desaparecimento, é o indício de um outro tempo, aquém e além do peso necessário da história e da espessura infinita da memória: um tempo redimido no qual a palavra fosse louvor e a morte um apagar-se feliz.

---

71. 71. "Ankündingung der Zeitschrift ‚Angelus Novus'", em *Ges. Sehr.* II-l, p. 246. Retomado com variantes no artigo sobre Karl Kraus, p. 367 e no texto " Agesilaus Santander", p. 99 e pp. 100-101 (trad. J. M. G.). A este respeito, cf. nosso artigo "L'hymne, la brise et la tempête: des anges chez Walter Benjamin", na revista *Autrement*, Paris, n. 162, março de 1996.

FILOSOFIA NA ESTUDOS

Homo Ludens
  Johan Huizinga (E004)
Gramatologia
  Jacques Derrida (E016)
Filosofia da Nova Música
  T. W. Adorno (E026)
Filosofia do Estilo
  Gilles Geston Granger (E029)
Lógica do Sentido
  Gilles Deleuze (E035)
O Lugar de Todos os Lugares
  Evaldo Coutinho (E055)
História da Loucura
  Michel Foucault (E061)
Teoria Crítica I
  Max Horkheimer (E077)
A Artisticidade do Ser
  Evaldo Coutinho (E097)
Dilthey: Um Conceito de Vida e uma Pedagogia
  Maria Nazaré de C. P. Amaral (E102)
Tempo e Religião
  Walter I. Rehfeld (E106)
Kósmos Noetós
  Ivo Assad Ibri (E130)
História e Narração em Walter Benjamin
  Jeanne Marie Gagnebin (E142)
Cabala: Novas Perspectivas
  Moshe Idel (E154)
O Tempo Não-Reconciliado
  Peter Pál Pelbart (E160)
Jesus
  David Flusser (E176)
Avicena: A Viagem da Alma
  Rosalie Helena de S. Pereira (E179)
Nas Sendas do Judaísmo
  Walter I. Rehfeld (E198)
Cabala e Contra-História: Gershom Scholem
  David Biale (E202)
Nietzsche e a Justiça
  Eduardo Rezende Melo (E205)
Ética contra Estética
  Amelia Valcárcel (E210)
O Umbral da Sombra
  Nuccio Ordine (E218)
Ensaios Filosóficos
  Walter I. Rehfeld (E246)
Filosofia do Judaísmo em Abraham Joshua Heschel
  Glória Hazan (E250)
A Escritura e a Diferença
  Jacques Derrida (E271)
Mística e Razão: Dialética no Pensamento Judaico. De Speculis Heschel
  Alexandre Leone (E289)
A Simulação da Morte
  Lúcio Vaz (E293)
Judeus Heterodoxos: Messianismo, Romantismo, Utopia
  Michael Löwy (E298)
Estética da Contradição
  João Ricardo Carneiro Moderno (E313)
Pessoa Humana e Singularidade em Edith Stein
  Francesco Alfieri (E328)
Ética, Responsabilidade e Juízo em Hannah Arendt
  Bethania Assy (E334)
Arqueologia da Política: Leitura da República Platônica
  Paulo Butti de Lima (E338)
A Presença de Duns Escoto no Pensamento de Edith Stein: A Questão da Individualidade
  Francesco Alfieri (E340)

Este livro foi impresso na cidade de Cotia,
nas oficinas da Meta Brasil,
para a Editora Perspectiva.